LE SALON HAVRAIS

LA VILLE DU HAVRE.

LE SALON HAVRAIS

SOUVENIR CRITIQUE

DE

L'EXPOSITION DES BEAUX-ARTS

ORGANISÉE SOUS LE PATRONAGE DE LA

SOCIÉTÉ NATIONALE HAVRAISE D'ÉTUDES DIVERSES

TEXTE PAR

HIPPOLYTE FÉNOUX

REPRODUCTIONS PHOTOGRAPHIQUES DE LA MAISON EMILE TOURTIN

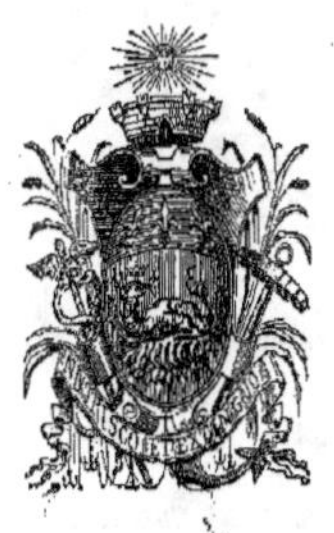

LE HAVRE

IMPRIMERIE TYPOGRAPHIQUE DE F. SANTALLIER & Ce

162, BOULEVARD DE STRASBOURG, 162

Avant-Propos

La critique est aisée et l'art est difficile.

BOILEAU.

Ce qu'il faut craindre, ce n'est pas la
critique, même brutale : c'est le
silence.....

La Revue critique *du* Salon Havrais *de 1875, que nous publions aujourd'hui en volume, a paru au jour le jour dans* Le Havre. *La première publication, nécessairement assez lente, a beaucoup retardé la seconde.*

L'idée d'offrir au public un compte-rendu de cette belle Exposition, qui a été pour le Havre le signal d'un véritable réveil du goût artistique, ne nous est venue, du reste, qu'assez tardivement. Il a fallu, pour nous y affermir, les précieux encouragements que nous avons reçus de la part des artistes et des amateurs.

Notre livre, essai fort humble, s'adresse donc à ceux qui désirent garder un souvenir durable de l'Exposition des Beaux-Arts.

Ceux-là penseront sans doute comme nous que cette Exposition, préparée par tant d'efforts, soutenue par tant de dévouements, et dont le succès a été si complet qu'elle est devenue une manifestation nouvelle de la vitalité intellectuelle de notre Ville, mérite qu'on ne l'oublie pas du soir au matin et qu'on lui accorde une place dans les archives locales.

Il est à peine resté trace des Expositions précédentes au Havre. Tout ce que nous avons pu découvrir, c'est que la fondation de la première Société des Amis des Arts dans notre Ville et sa première Exposition de peinture remontent à l'année 1841. En 1843 et 1845 ont eu lieu d'autres Expositions. Le chiffre des acquisitions à ces premiers Salons paraît avoir été assez minime :

En 1841, 3,500 francs pour 16 tableaux; en 1843, 4,500 francs pour 25 tableaux achetés par la loterie, les amateurs en achètent une douzaine; en 1845, 4,800 francs pour 21 tableaux.

A ces époques lointaines, les peintures se vendaient à prix doux. En 1843, trois toiles de Troyon figurent au budget des acquisitions pour 550 francs! En 1845, le même peintre vend 500 francs un Intérieur de Forêt.

En 1858, la Société des Amis des Arts s'était déjà assez solidement établie pour acheter aux artistes pour plus de 8,000 francs d'œuvres, sans compter les achats de la Ville pour son Musée, et ceux des particuliers qui montèrent à près de 20,000 francs.

En Juillet 1868, on ouvrit une Exposition des Beaux-Arts, annexe de l'Exposition Internationale. Les acquisitions de la Société y atteignirent 10,000 francs environ.

C'est aussi le chiffre obtenu à l'Exposition de 1870, qui comprenait 421 tableaux, 114 dessins et aquarelles, 7 gravures et 20 sculptures.

L'Exposition de 1875, comme importance, a marqué un notable progrès sur ces précédents. Son catalogue mentionne 452 peintures; 166 dessins, pastels, aquarelles, gravures, etc.; 45 sculptures. En outre, une intéressante galerie de tableaux et dessins appartenant à des amateurs renfermait 68 œuvres notables. En tout 735 numéros au Catalogue.

Des artistes d'un talent de premier ordre ont répondu à l'appel des organisateurs de l'Exposition. Tous ont voulu s'associer à une œuvre d'éducation qui est aussi une œuvre de patriotisme, car, aujourd'hui plus que jamais, les forces intellectuelles de notre pays doivent chercher l'occasion de manifester leur puissance.

Et puis, pourquoi ne pas le dire sans fausse modestie, notre Ville a un renom de libéralisme et de générosité qui n'a pas été sans entrainement auprès des artistes.

Le chiffre des acquisitions s'est trouvé en rapport avec leur empressement ; en réunissant les achats de l'Exposition pour la loterie, ceux de la Ville pour le Musée et ceux des amateurs, on atteindra un total de 50 à 60,000 francs. On trouvera plus loin la liste, aussi complète que nous avons pu nous la procurer, de toutes ces acquisitions.

Cette question des acquisitions est de première importance pour les Expositions de province. Elle doit préoccuper tout d'abord ceux qui s'occupent de les organiser. La province, quoi qu'on puisse penser de la décentralisation, ne fera jamais les réputations artistiques, mais elle peut les soutenir, c'est-à-dire les payer.

Il faut bien le dire, ce n'est guère l'amour de la gloire qui peut amener les artistes à une Exposition provinciale, j'entends les artistes de valeur. Ils viennent y donner des leçons et non en recevoir. Il y aurait fatuité à leur promettre des récompenses. Entre nous, les Chaplin, les Caraud, les de Kock, les Defaux, les Allongé, les Leirône, les Lévy, ont-ils besoin de venir chercher au Havre un certificat de talent ? La vraie récompense des artistes, dans une Exposition de province, c'est l'achat, et le chiffre des acquisitions réalisées cette année, aussi bien que l'intelligence des choix, assure le succès de la prochaine Exposition.

La Société Havraise d'Etudes diverses, qui a pris l'initiative et la conduite de cette difficile organisation, et qui a trouvé dans la Municipalité un concours si efficace, peut donc être fière de son œuvre. Nous lui devons la restauration du Salon Havrais.

Mais il faut pour utiliser le nouvel élan qu'elle a donné au mouvement artistique dans notre Ville, songer à ressusciter sur des bases solides une Société spécialement organisée en vue de préparer nos Expositions, par un effort permanent ; il faut, en un mot, que l'ancienne Société des Amis des Arts renaisse, plus active et plus dévouée que jamais, et réunisse des ressources qui permettent d'ouvrir, tous les deux ans, par exemple, le Salon Havrais, avec un budget de 30 ou

40,000 francs, pour arriver sûrement à 80,000 francs d'achats, comme font les Amis des Arts de Lyon et de Bordeaux.

C'est à cette œuvre de propagande artistique que sont conviés tous ceux qui pensent, — et ils sont nombreux au Havre, — que le culte des Beaux-Arts est le complément nécessaire de l'Education.

Nous aurons atteint notre but, si notre modeste publication, qui, à défaut de l'autorité du savoir, a peut-être l'entraînement de la franchise, de l'indépendance, et surtout de la passion profonde de l'art, peut contribuer à tourner les esprits vers ce côté le plus brillant, le meilleur et le plus gracieux peut-être des mœurs et de l'esprit français.

Notre livre n'est, au reste, que l'accessoire du bel Album qui l'accompagne, et qui, bien mieux que notre causerie descriptive et critique, perpétuera le souvenir du Salon Havrais de 1875.

Nous remercions sincèrement M. Tourtin, l'habile photographe, dont la réputation est née au Havre, avant de conquérir les premiers rangs à Paris, et dont la précieuse collaboration nous a fourni ce complément, qui est devenu le principal de l'œuvre. Nous adressons aussi l'hommage de notre gratitude aux éminents artistes qui ont bien voulu nous donner l'autorisation d'associer leurs noms à notre tentative par la reproduction des œuvres qui ont été l'honneur du Salon.

Nous remercions enfin les nombreux souscripteurs dont les sympathies nous ont aidé, et dont l'empressement a bien voulu ne pas juger notre ouvrage indigne de leur appui.

Une autre fois nous nous y prendrons plus tôt, pour arriver mieux et plus vite, avec des reproductions plus nombreuses.

Ce que nous avons improvisé, nous l'organiserons, et l'éditeur comme l'écrivain, tâcheront de profiter de l'expérience, et de sortir, eux aussi, de l'ébauche.

H. F.

LE SALON HAVRAIS

PRÉCAUTIONS ORATOIRES. — INVOCATION

« Il y avait une place de mathématicien à donner, ce fut un danseur qui l'obtînt. »

Conformément à cette règle paradoxale, confirmée par quelques exceptions, s'agit-il de juger les peintres, les musiciens, les architectes, les rosières, les sous-préfets, les ponts-et-chaussées, la voirie ou les modes, ce sont, de nos jours, les journalistes qui sont condamnés à prendre la parole.

Les journalistes sont des Pic de la Mirandole à la petite semaine.

C'est pourquoi nous voilà, la plume à la main, recueillant nos souvenirs, écarquillant les yeux, compulsant des notes éparses, forcé de coucher sur ce papier les impressions qui nous sont restées de nos courses inquiètes à travers les œuvres qui figurent à l'Exposition des Beaux-Arts du Havre. Cette fois encore, la tâche qui reviendrait à un critique expert, doublé d'un artiste alerte, est échue à un..... journaliste.

Fort heureusement, il y a des grâces d'état. C'est ce qui explique comment les journalistes, qui parlent à tort et à travers sur tant de sujets en dehors de leur compétence, arrivent à ne pas dire beaucoup plus de sottises que le commun des mortels.

Que cette grâce naturelle nous soit donc accordée! que le Dieu des entrefilets nous inspire l'audace en nous gardant de la pédanterie; surtout, qu'il nous abreuve de franchise, qu'il nous fortifie de bonne foi et qu'il nous arme des lorgnettes de la clairvoyance!

Ainsi soit-il!

Paysages et Marines

Les Mérites de l'École Paysagiste

PAYSAGES, ce sont des paysages.

Grands ou petits; verts, bleus, blonds ou roux; ratissés ou violents; humides ou rôtis; coups de soleil ou rhumes de cerveau; de jour, de nuit, de crépuscule ou d'aurore; gerçures d'hiver, roses de mai, feuilles d'automne; moissons, prés, bois, collines, montagnes, ravines, rochers, cascades, fleuves, étangs, mares et jusqu'à des bourbiers !

Le magasin d'accessoires de la nature; la création échantillonnée, vernie et encadrée :

> Arrêtons-nous ici ! l'aspect de ces montagnes,
> D'ivresse et de plaisir fait tressaillir mon cœur;
> Un instant de repos, dans ces vertes campagnes,
> Nous rendra sur-le-champ notre première ardeur.

Nous nous rangeons à l'avis de Max, pour trois raisons principales :

1º Notre goût particulier nous y convie; le paysage étant le genre qui nous intéresse davantage. C'est une raison, cela, qui pourrait nous dispenser des autres;

2° C'est le genre qui domine, de l'avis général, dans les Expositions actuelles, autant par le nombre des toiles que par l'originalité des talents ;

3° L'école paysagiste actuelle est la seule, peut-être, où se révèlent des caractères. C'est l'école de la sincérité ; c'est elle qui nous indique la voie où marche l'art contemporain, à tâtons parfois, mais avec une passion de la vérité qui inspire le respect et la foi.

Première Leçon. — L'Atelier et le Plein Air
ou : Ceci Tuera Cela

Essayons de recueillir une impression générale, avant de passer à l'examen particulier.

Tenez, voici précisément deux paysages qui vont nous faire la leçon :

Rives du Fier, près d'Annecy, par Paul Cabaud, et *Vue prise à Pont-de-l'Arche*, par Sauzay (appartient à la ville du Havre). Ils semblent avoir été accrochés l'un auprès de l'autre tout exprès pour notre instruction ; véritables tableaux de démonstration.

Le paysage savoyard de M. Paul Cabaud embrasse un site composé avec le soin théâtral de l'école historique : jolis arbres d'un beau vert foncé, roulés en masses compactes, feutrés, calfeutrés, à l'épreuve des courants d'air ; un boulet de canon ne traverserait pas ces matelas végétaux. Groupées symétriquement, leurs masses s'équilibrent à quelques kilogrammes près. A l'horizon, monte un ciel métallique, sur lequel se découpe la dentelure plate et bleutée des Alpes. Au centre mathématique, un petit pont fait trait-d'union entre les deux versants, et, sous le petit pont, glisse sans murmurer la rivière frisotante entre deux gradins de rochers brillants.

C'est irréprochable comme composition, dessiné avec une application passionnée, peint d'une main ferme et habile ; mais le but du paysage étant de remettre sous les yeux une impression de la nature, l'effet est-il obtenu ? Pas une faute d'orthographe, mais quel style ! Tâchons donc de découvrir pourquoi tant de qualités et de travail aboutissent à ce résultat négatif.

Regardez le paysage voisin, la *Vue de Pont-de-l'Arche*, aussitôt l'impression cherchée va naître. Sentez-vous déjà l'air qui vous enveloppe, la lumière qui tombe du ciel sur ces terrains ? Cependant, le paysage de M. Sauzay est assez maladroitement conçu, assez gauchement exécuté. Il est peu intéressant. Ce grand champ encombré d'herbes folles fait placard à droite ; la rivière, reléguée à gauche, fait plongeon dans le cadre ; une ligne d'arbres monotones et guindés, comme des gardes nationaux en tirailleurs, coupe l'horizon. Le tout est assez mou et cotonneux. Et pourtant, devant cet à-peu-près, cette étude lâchée, si vous voulez, on s'égaye, on respire, on sent la vérité, on retrouve la nature. Comparez un instant et jugez.

La raison de cette différence est une raison de fait. Nous sommes ici en présence de deux modes d'interprétation diamétralement opposés. Le paysage massif de M. Cabaud résulte d'un travail d'atelier ; c'est la synthèse d'une série d'études reprises avec plus ou moins de talent au point de vue du métier. C'est l'air de l'atelier qui s'est raréfié pour couvrir ces quelques lieues d'horizon ; c'est la lumière triste et uniforme de l'atelier qui l'éclaire. Le savoir, la main de l'artiste a bridé son indépendance, dans ce travail de reconstitution.

Le paysagiste voisin est de l'école du *plein air*, qui procède par l'analyse ; il a peint son étude à même la nature, en brutal, en maladroit si vous voulez, mais en voyant. Il a cherché des notes justes et les a posées où, et comme il les voyait. Il a fait une nature vivante. Dans l'atelier on fait des natures mortes, des portraits après décès.

En thèse générale, le *plein air* est la vérité où s'exercent les convictions sincères ; l'atelier mène tout droit à la convention, mère de l'ennui.

Cette distinction est caractéristique. Elle permet de distinguer à première vue les deux manières, les deux écoles ; nous ne laisserons pas passer l'occasion d'appuyer cette première remarque par des exemples et d'en déduire peut-être quelques explications intéressantes. Mais en voilà assez pour une première leçon.

Les deux beaux paysages de LETRÔNE se distinguent par la vérité de l'impression, la solidité de la peinture et la justesse de la lumière. La *Grève de Guétary* (Basses-Pyrénées) est d'un aspect magistral. La plage sablonneuse et surchauffée étend profondément son croissant vers l'horizon de Biarritz, voilé de brumes chaudes ; une barque à sec est le seul incident de cette solitude. Le sable roux s'étend de tous côtés, absorbant la lumière pour renvoyer la chaleur. Et comme la lumière tombe bien du ciel, comme elle enveloppe bien tout le paysage, pour produire l'étendue. C'est une étude, si l'on veut, mais une étude poussée aussi loin que possible, assez loin pour faire un tableau.

L'*Effet de Soleil sur la Mer* est plus composé, sans être moins sincère. Il y a une recherche de vérité couronnée de succès dans l'éclat de lumière qui embrase le coin de l'horizon, et les clartés du ciel ont des résonnances d'une justesse parfaite sur les terrains du premier plan. Faire bien un seul tableau du ciel et de la terre, c'est la marque du paysagiste maître de lui. Vous en verrez de ces ciels rapportés, resoudés, rajustés, ciels passe-partout qui écrasent le paysage sans verser un rayon de lumière, de telle sorte que toute clarté semble venir d'une phosphorescence des terrains.

Les deux toiles de CASTAN n'ont pas tout-à-fait vaincu cette difficulté. Elles ont pourtant toutes deux de grands mérites. Les vagues de la *Marée haute* sont bien remuantes et ses terrains tachés de flaques d'eau, dans la *Marée basse*, sont peints avec une rare solidité. Mais ses rochers ne sont pas encore suffisamment *enveloppés*. Le ciel n'est pas venu jusqu'à eux.

La *Marne à Chennevières*, de M. HERPIN, est traitée avec un tempérament d'enragé. Il n'y a pas, dans tout le Salon, une toile qui emmagasine autant de lumière. Le ciel surtout est un éblouissement. Malheureusement, la composition n'est pas agréable et tourne au fouillis. Mais si lourd que soit le paysage et si encombré de détails accumulés comme pour escalader le ciel, l'espace règne et l'air circule. Voyez plutôt le courant d'eau qui scintille en s'enfonçant entre les rives, comme le ciel est bien dessus. Et ce ciel, brossé à corps perdu, comme la mémoire de l'artiste l'a saisi dans son mouvement, et comme elle a distribué avec fidélité les notes accrochées aux cimes des arbres et aux toits des maisons. Quel malheur qu'il ait gauchement amarré au beau milieu cette barque en carton peint et qu'il n'ait pas eu la puissance de mener à bien l'eau de son premier plan qui s'amollit et se fige.

A côté, la *Vue de Rouen*, de LAPOSTOLET, semble le pays du demi-deuil ; tout y est d'un gris violacé que nous trouvons attristant. Une grande recherche de vérité, cependant, beaucoup de soin dans la composition, de la distinction, mais aussi de la sécheresse ; à ce point qu'on jurerait la Seine prise par les glaces.

Voici deux petits paysages qui peuvent servir de type à tout un ordre de compositions pastichées, dont nous trouverons un bon quarteron dans les Salons de l'Exposition. C'est une sorte de peinture industrielle, qui n'est pas sans habileté ; ce n'est même plus travail d'atelier fait consciencieusement sur les études et les souvenirs, c'est un faire presque mécanique, un coup de main souvent fort réussi, mais absolument dénué d'intérêt artistique. C'est tout juste de la valeur des chromolithographies anglaises, et cela peut se tirer à un aussi grand nombre d'exemplaires. Les praticiens de cette fabrication se vantent d'avoir attrapé le *truc* du bonhomme Corot, ou de Daubigny, ou de Rousseau. Ils ont tout juste restauré le *truc* de la peinture sur boîtes à tapioca. M. RICHET, lui, fait les Rousseau, et en expose deux échantillons. Beaucoup de patte, aucune originalité, aucune sincérité : l'esclavage de l'imitation, sans la sincérité de la copie.

Nous avons là sous la main deux jolis spécimens de la manière de CÉSAR DE KOCK, deux intérieurs de cours normandes. Ces petites toiles n'ont pas le charme pénétrant des dessous de bois où excelle le peintre et dont nous examinerons à loisir la curieuse facture, mais elles sont plus peintes, peut-être, et plus voisines encore de la nature. Toujours la distance à franchir de l'étude au tableau.

M. FABIUS BREST est le peintre élégant et spirituel de la lumière diaprée qui pénètre les cieux du Bosphore et jette des paillettes à toutes les rides du flot. Ses *Vues de Constantinople* ne vont guère plus loin que l'ébauche, mais quelle verve dans ce semis de notes d'un éclat si juste et si chatoyant. Il est un des premiers parmi ceux qui font *l'aquarelle à l'huile;* une école séduisante qui a le don de traduire l'instantanéité des impressions les plus fugitives. Nous la verrons à l'œuvre, car elle est représentée au Salon par un maître.

M. BERCHÈRE est un orientaliste de grand mérite. Plus faites que celles de M. Brest, ses toiles brillantes et légères conservent néanmoins la transparence et la chaleur des horizons. Son paysage, *Au bord du Nil,* est tout air et flamme, et sa *Lisière d'Oasis* a bien la vague profondeur de ces climats où le soleil fait vibrer l'air raréfié.

Avant de quitter la salle, mentionnons encore une jolie et fine étude bien dans l'air et la lumière, animée par une figure parfaitement peinte et signée DUTZCHOLD ; une bonne ébauche d'APPIAN, qui gagnerait à mettre un peu moins de romantisme dans ses troncs d'arbres, et le *Poste d'observation à Montmartre,* brossé avec crânerie par M. DE SAINT-EDME.

Le *Lavoir,* de M. FRANÇAIS, montre beaucoup d'habileté compromise par trop de parti-pris. Retournez le cadre, et l'eau bleue remplacera le ciel bleu sans modifier l'impression. C'est une nature spéciale que nous ne sentons pas, et l'artiste n'a pas sujet d'être fier d'être Français quand il regarde cette pochade ; pas plus d'ailleurs que le décor de féerie où il a peint un petit sauvage sur un arbre perché.

Le Passage de l'Étude au Tableau

Nous avons sous les yeux une petite étude d'un jeune artiste de beaucoup de tempérament et d'avenir, Michel de l'Hay, *l'Eté*, paysage normand. C'est peint grassement, avec une rare vigueur, avec une grande justesse de tons sur les terrains du premier plan et sur les arbres qui font face. C'est d'un peintre qui peut faire, et nous retrouverons ailleurs un paysage de lui vraiment fort. Fâcheusement, la moitié seule de son étude a conservé l'impression du *de visu*. Un ciel baveux, durement maçonné à la truelle, écrase l'herbe tendre, et ce paysage où devait rire le soleil d'été semble placé sous la cloche de la machine pneumatique.

Saisissons cette occasion de revenir, pour les compléter, sur les réflexions que nous nous faisions plus haut. Nous avons célébré les mérites de l'école du *plein air*, où s'engagent avec fermeté nos paysagistes, et nous avons montré comment un paysage ne vit que par la fidélité de l'impression. C'est la lumière directe du ciel, disions-nous, qui doit éclairer la palette du paysagiste. L'air de l'atelier n'est pas respirable pour lui. Mais il y a des écueils dans cette méthode. Appliquée par des artistes sincères et patients, elle produit des études que nous préférons, pour notre part, aux machines inertes des dessinateurs en chambre. Mais aussi, plus d'une fois, sous prétexte de *plein air*, l'impuissance vagabonde à la recherche des impressions fugitives comme le paresseux à la quête d'un morceau de pain. C'est fort bien de courir après la note juste, mais une suite de notes ne fait pas une mélodie ; une impression inachevée ne fait pas un tableau. C'est quand il s'agit d'écrire la mélodie que l'impressionniste est trop souvent empêché.

Parmi tous ceux que nous avons passés en revue jusqu'ici, nous en avons trouvé un seul dont le souffle a pu suffire à achever la mélodie, c'est Letrône, tous les autres ont échoué au port. Voici l'Hay dont toute la verve tombe subitement à plat. L'impression s'est effacée et il a lâché son étude avant que le dessin l'ait faite tableau. Le ciel avait changé tandis qu'il peignait, et, rentré à l'atelier, la mémoire a fait défaut, l'indépendance aussi ; on s'est alors rattrapé au procédé, et la violence du couteau à peindre a dissimulé un accès d'impuissance. C'est alors qu'a fonctionné la petite machine pneumatique en question.

LE PRINTEMPS A CERNAY.

Toute la difficulté est donc, pour les impressionnistes, dans le passage de l'étude au tableau. C'est le dessin qui doit achever l'étude, et, neuf fois sur dix, le dessin la tue.

Une mémoire fidèle pour conserver l'impression, une indépendance à toute épreuve pour la ressaisir, et la répandre sur l'unité du tableau, telles sont les qualités par lesquelles l'impressionniste deviendra vraiment peintre. Elles sont rares et voilà pourquoi tant d'études brillantes et si peu d'œuvres.

Ce sont ces Messieurs du dessin qui y arriveront peut-être, quand ils voudront se donner la peine de passer par l'impression. C'est la fin que nous leur souhaitons.

Par exemple, voici un tableau dessiné, achevé, la *Plage*, d'ALLONGÉ (appartient à la Ville). Il n'y en a pas, dans tout le Salon, qui soit aussi complétement baigné d'air. La mer fuit à l'horizon avec une mobilité parfaite. La gamme des tons gris est soutenue sans une hésitation. La peinture est facile sans violence et d'une distinction rare. L'ensemble d'une vérité absolue. Le tempérament du peintre a suffi à tout.

M. MAURICE COURANT, dans son *Gros temps*, a cherché l'effet avec plus d'effort et moins de succès. Sa marine est très dessinée et peinte avec un soin méticuleux ; la grande vague du premier plan est prodigieusement rendue ; mais en voulant noircir son ciel, il l'a épaissi ; et il a absorbé la lumière de sa toile. Ce sont deux tableaux séparés que la ligne d'horizon divise au lieu de les fondre. Les rochers ont pris un relief exagéré et un vernis métallique et se sont séparés de l'ensemble.

Mais ce n'est pas sur cet effort pénible qu'il faut juger l'auteur. Nous verrons de lui, pour nous dédommager, une marine d'une délicatesse exquise où éclate la distinction de sa manière.

L'*Etang*, d'ALLONGÉ, est aussi une toile bien fine où le calme du soir est admirablement exprimé par des notes allanguies. Le ciel est d'une profondeur admirable. Nous lui reprocherions seulement d'avoir mis moins de simplicité dans la flaque d'eau où la peinture s'émiette et papillote.

Il n'est guère de paysage plus séduisant que le *Printemps* de DEFAUX, dont nous publions la photographie. Un printemps dont les rousseurs, par parenthèses, ressemblent furieusement à l'automne. Mais quelle habile distribution de lumière, quelle entente de la couleur ; comme on circulerait volontiers dans cette clairière. Un peu de parti-pris, seulement, dans les blancheurs égales qui font saillir les troncs d'arbres, si bien que l'un d'eux, à gauche, semble percer la toile. Il y a là comme une tentative de trompe-l'œil qui nous inquiéterait si tant de qualités ne décelaient l'artiste convaincu. Deux amusantes études de *Saules*, accompagnent cette jolie composition, qui, malgré sa dimension, a été faite et finie dehors, en pleine nature, et dont l'air qui court sous les branches a rafraîchi chaque touche.

Nous pouvons, par une filiation toute naturelle, rapprocher de Defaux un jeune peintre qui marche, qui court sur ses traces et qui ne tardera pas à atteindre la réputation, DAMERON; il expose deux paysages peints avec une indépendance tout-à-fait crâne; un effet de *Pluie et Soleil* et *Une Rue de Village*. Ils avaient été d'abord placés à des hauteurs vertigineuses, où l'œil ne pouvait pas les suivre; à cette altitude, ils avaient une allure de fausse violence qui nous avait défavorablement impressionné. Nous les avons revus, quand ils ont été redescendus plus près de la cimaise, et nous leur avons fait humblement amende honorable. Ils sont d'une excellente facture, grassement peints, spirituellement dessinés et d'un puissant effet. Ce sont des notes vraies, qui annoncent que M. Dameron pourra chanter bientôt juste et fort son grand air.

La Ferme Lubin, de PAUL COLIN, renferme de bien bonnes parties; le terrain, la masure, le pommier en fleurs, tout cela plein de lumière et peint solidement. Mais, soudain l'impression a cédé la place à quelque réminiscence de Corot, les fonds et le feuillage des grands arbres sont devenus mous et imperméables; en poussant la sincérité jusqu'au bout, l'artiste aurait fait une toile excellente. Il expose encore une étude fraîche et blonde qui serait parfaite si un peu plus de lumière tombait du ciel matinal.

La Ferme bretonne, de M. LE MARIÉ DES LANDELLES, est une peinture massive et étouffée; il faudrait un appareil de plongeur pour y séjourner. Bien lourde peinture aussi, *la Cour normande*, de M. RENOUF, où l'on trouve pourtant de grandes qualités de sincérité. La touche grenue lui donne l'aspect d'un tapis moquette, plus doux au pied qu'à l'œil.

L'Aquarelle a l'Huile

Que ce barbarisme retombe sur M. César de Cock qui, inventeur du genre, a négligé d'inventer le mot ! Il faut lui savoir gré de son invention, car il en tire un bien admirable parti. Il n'est pas d'interprète plus spirituel de la nature, telle qu'on la voit à Ville-d'Avray ou à Meudon ; il n'en est pas de plus sincèrement amoureux.

C'est le peintre des fraîcheurs humides qui s'exhalent des ruisseaux à la chaleur du jour et font frissonner les profondeurs des futaies. Il vit dans la lumière verte et brillante qui attache des émeraudes sur les feuilles et glace les mousses au pied des troncs élancés. Il se grise de l'ozone élaboré dans les grands bois, et la Dryade qui prépare sa palette y broie la chlorophylle dans de la rosée. C'est avec cela qu'il peint sans s'en douter ; si bien que, parti pour faire un tableau à l'huile, il revient avec une aquarelle.

Voyez ces deux belles études, *le Lavoir* et *le Chemin du Lavoir*. Un seul motif, un même effet, une même impression : la fraîcheur et la profondeur. Les plans s'enfoncent à des distances inouïes, derrière les enchevêtrements des feuillages, par une dégradation de tons d'une habileté incroyable ; on se sent à l'ombre en regardant ces paysages et l'on éprouve le sentiment de repos et de bien-être que cause la sieste sur l'herbe fraîche, quand toutes les cassolettes du printemps ont ouvert leurs urnes !

Les jours sont distribués par petites notes scintillantes, entre les feuilles qui vibrent et se découpent en teintes plates. C'est absolument le travail des aquarellistes, qui, dénué d'épaisseur, ne rend la lumière que par la justesse des tons et des contrastes. Mais tout ce soin, toute cette prestesse de touche ne suffirait pas à rendre l'effet, l'artiste a eu recours à un parti-pris qui le complète merveilleusement.

Toutes les longues tiges qui soutiennent ses verdures aériennes sont uniformément noircies et leur silhouette se détache sur les bords clairs avec une netteté qui produit immédiatement une incroyable transparence. La lumière sort du fond de la toile, des cîmes indécises, et renvoie au spectateur l'impression de l'espace, et ces paysages si vrais, si profonds, ne sont, au demeurant, que des paysages montés sur fils de fer.

Fil de fer ou ficelle, l'effet est si bien obtenu, si complet, qu'on ne songe qu'à admirer.

Nous avons passé devant une bien jolie petite toile de VÉRON, *Rivière de la Nonette*; un effet du soir, peint avec une justesse de tons et une qualité de pâte remarquables.

Le *Petit Port Normand*, de M. P. LECOMTE, est finement peint et d'une bonne couleur.

C'est à Trouville et à Deauville que, s'il faut en croire le catalogue, BOUDIN s'est placé pour charbonner les deux ébauches qu'il expose. L'une et l'autre ne représentent pourtant que le pays du gâchis. Il faut avoir une triste opinion du public pour oser lui faire de ces plaisanteries-là, quand on est un artiste du tempérament de Boudin.

Quelle singulière idée on se fait du *Printemps*, devant le ciel ardoisé de M. VÉRON. Comment donc est l'hiver à Senlis, si le printemps y pèse si lourdement sur les arbres en fleurs? A la bonne heure, nous renaissons à la lumière en regardant la *Cale de Radoubage à Boulogne*; un joli effet et une jolie peinture sous un ciel admirablement dessiné.

Mᶫᶫᵉ BEERNAERT, artiste belge, a deux des meilleurs paysages du Salon. *Les Dunes de la Zélande* dénotent une grande fermeté de main et une rare vigueur de volonté. Ce paysage, peint par un homme, serait d'une grande force; peint par une femme, il est extraordinaire. Il y a là une puissance de dessin, une fidélité d'impression et une simplicité d'interprétation que les femmes apportent bien rarement dans les arts, et il est curieux de constater que le tableau le plus solide et le plus complet peut-être de cette réunion soit œuvre féminine. La sévérité grandiose du site est admirablement rendue; le dessin des arbres rongés par l'âpreté de l'air est serré avec passion, sans mesquinerie. Cette toile est un exemple de ce que peut faire le dessin, quand il reste soumis à l'impression.

La Rivière d'Yères, de M. BOUEL, est un tableau curieux à examiner, d'un dessin très soigné et très habile, mais d'un faire absolument conventionnel. Voyez cette maison, dont le reflet, malgré son éloignement de la rive, se photographie dans le courant, des fondations au comble.

C'est là que le *chic* se révèle. Et ces petites lignes lumineuses, qui cernent les contours, comme dans un lavis de machine! De la décoration habilement faite, soit; mais combien étrangère à l'interprétation de la nature.

Voici justement, pour nous remettre au point, la plus consciencieuse, la plus délicate, la plus saisissante des études alignées sur les cimaises. Une impression vraie, fixée par le dessin : *La Seine à Mantes*. Quand on perle de la sorte une étude, on se doit de faire d'excellents tableaux. Nous retiendrons ce nom inconnu de CHRISTOL.

Tout près, un petit CÉSAR DE COCK qui présente cette particularité curieuse que l'artiste a changé un instant de procédé et a eu la fantaisie de jouer au Corot dans un petit coin de son feuillage.

M. LAPIERRE est un habile entre les habiles. Il possède une dextérité de touche à toute épreuve. Ses *Etudes de la forêt de Fontainebleau* sont des morceaux de solide peinture ; mais il remplace le sentiment de la nature par l'étude et l'habitude des maîtres. Son talent élève sa fabrication à la hauteur d'un art, tandis que son voisin RICHET borne la sienne à l'industrie. Mais c'est toujours de la fabrication ; la moindre trace d'indépendance et de sincérité ferait bien mieux notre affaire.

Il y a, au contraire, le cachet d'une originalité puissante dans la marine d'APPIAN : *Monaco avant l'orage*, dont les vagues sont si transparentes et si bien mouillées, sous le ciel sombre sans épaisseur. Nous regrettons seulement qu'il ait estompé dans un coin l'ébauche informe de la terre monégasque ; cette tache d'ocre boueuse gâte le tableau et peut nuire au fermier des jeux, en détournant les touristes.

Les Premières Feuilles d'Automne, de M. GUILLON, sont une jolie composition traitée avec beaucoup de soin. C'est l'œuvre d'un peintre qui voit très juste et peint avec brio ce qu'il voit. Le faisceau lumineux qui dore la cîme des arbres enflamme bien tout l'horizon, tandis que les terrains sont enveloppés dans la pénombre par des tons d'une extrême justesse. C'est une difficulté habilement vaincue. Le feuillage est dessiné avec une grande précision, sans sécheresse, et les détails ont leur juste valeur dans les masses.

On peut juger d'autant mieux le mérite de ce paysage automnal qu'il se soutient dans le voisinage d'une plantureuse étude illuminée *à giorno* par un triomphant soleil d'été ; c'est la *Vue d'Ecouen*, signé J. V., lisez VEYRASSAT.

La marine proprette de M. BALLIN ne sort pas du bon ordinaire commercial. Celles de M. JULES NOEL n'atteignent pas cette *aurea mediocritas* : des flots de sirop de groseilles s'y mêlent à des océans de punch, et des barques en nougat naviguent sur cette profondeur sirupeuse : c'est la mer du pays de Cocagne !

La Rade de Toulon, de M. VALENTIN, est convenablement peinte, bien éclairée, et sans doute vraie.

Mais quel singulier accessoire au premier plan : une colossale barette de cardinal y nage entre deux eaux ! C'est donc celle du cardinal des mers ?

Dans deux études de *Hêtres* et de *Roches*, M. COURTIN interprète avec vérité la nature de Fontainebleau. Le paysage de M. BERNIER, des vaches descendant un chemin creux, est une excellente petite toile ; les arbres pleins de mouvement, les terrains solides et gras, les animaux d'un joli dessin, bien peints dans l'air.

Le paysage avec animaux de XAVIER DE COCK n'est qu'un panneau d'étude, mais on y trouve une vigueur de tempérament qui ne fait pas la part mauvaise au frère de César. L'artiste a peint tout un troupeau de bœufs, au bord d'un ruisseau qui traverse un gras pâturage. Ce n'est qu'une large ébauche, mais elle est dessinée avec une précision que n'atteint pas toujours la peinture faite. Les attitudes sont aussi justes que la couleur, et la composition est variée avec un art consommé. Le groupe des bergères au premier plan est un épisode pris sur le vif, et les petites figures sont campées là de main de maître. Les paysages de César sont animés parfois par des figures spirituellement et discrètement esquissées qui ressemblent à celles-ci comme sœurs. Est-ce que par hasard Xavier serait pour elles plus qu'un oncle ?

Où êtes-vous, M. de Florian ? Dépêchez-vous d'offrir votre bras à Mme Des-houlières, et venez deviser sous les jolis petits *pêchers en fleurs* de M. BEAUVAIS. Ses petits moutons frisés, poudrés, musqués, viendront joyeusement cabrioler autour de vous et la pastourelle proprette qui les conduit vous fera sa plus belle révérence. Ce n'est pas de la peinture à l'huile cela, c'est de la peinture au miel, à la frangipane, au cold-cream, à la crème-duchesse, au parfait-amour, déposée à la pointe d'un pinceau en plumes de colibri !

On produit de ces effets-là en collant sur un papier les mousses marines, colo-rées de nuances si délicates, — seulement, il n'y a pas de petits moutons !

Le *Calme plat*, de M. CASSINELLI, est le produit d'une palette bien souriante aussi. On ferait une robe de bal avec les voiles de ses barques de pêcheurs normands. Et dire que c'est dans les parages du Havre qu'on voyait jadis des flots si vermeils, sous ce ciel de cobalt et d'argent. Venise même, dont on aperçoit le ciel dans le *Débarcadère*, n'a pas des cieux plus brillants. Hélas ! que les temps et le climat sont changés pour les plages normandes !

SARABEN est un Normand qu'on n'accusera pas, au moins, de se chauffer de ce soleil-là. Que de brumes sur les *Moutons*. Son *Pâturage* est plus clair et les terrains en sont bien dessinés et franchement peints, mais bien escarpés.

Clédat de La Vigerie a un faire personnel dont il pourra tirer un parti excellent quand il l'aura complété. Il a une façon de traiter le feuillé qui n'appartient qu'à lui. Du de Cock rageur et microscopique, un cliquetis de petites touches qui vibrent à l'œil comme la pluie dans un rayon de soleil. Dans un seul de ses arbres, les pièces de cette mosaïque sont plus nombreuses que les billets de la tombola artistique ! C'est d'une adresse de main incroyable, qui déroute les camarades. Mais il faudrait arriver à fondre ce papillotage dans les masses, pour échapper à une sécheresse métallique. Dans ses *Bords de la rivière d'Harfleur*, il y a d'excellentes parties : le terrain, par exemple, où l'ombre est distribuée avec une rare transparence, dans des tons vrais et distingués, les dessous d'arbres où la touche s'engraisse et s'enveloppe d'air. Mais les fonds de droite sont d'un cru qui fait mal aux gencives.

M. Dubourg installe d'ordinaire sur les galets de nos plages les petites figures qu'il peint avec beaucoup de verve et de gaieté. Il n'est pas étonnant qu'il cherche à en adoucir le séjour en ouatant ses cailloux et en étendant sous le pas de ses baigneurs d'Honfleur, par exemple, une plage molle et duvetée comme un tapis de haute laine. Dans son *Etude de Hêtres*, encore très adroitement meublée de personnages, il y a de très bonnes choses, du sentiment, de la lumière, mais toujours un faire grenu et spongieux bien singulier.

Trop peu de travail dans le *Temps orageux* de M. Defaux ; mais que de lumière emmagasinée et quelle vérité totale.

Deux études méritantes : *Bords de la Creuse*, par M. Ballue, et la *Ferme Saint-Siméon*, par M. Lecamus.

Nous aurions voulu proposer à la Ville d'acheter le *Soleil couchant*, de M. Cinot, pour orner le bureau des pompes funèbres.

Le *Paysage délécarlien*, de M. Arborelius, est moins arborescent que son nom. C'est un rude pays que la patrie de Gustave Vasa, et l'on admire le courage des habitants qui vont s'asseoir sur la neige pour pêcher à la ligne, quand il serait si facile de prendre au trébuchet les petits oiseaux qui les regardent faire.

M. Sauvage a collé sur sa toile une petite photographie coloriée qui représente une dame strabique, amoureusement penchée sur l'épaule d'un monsieur, et il a peint au-dessus de ces frimousses amoureuses le décor traditionnel des paysages de photographes : c'est donc l'art de rendre la photographie encombrante.

Bien amusante composition que le bain à fond de bois de M. Battaille : Une dame hydropique s'apprêtant à faire une pleine eau. Si c'est un jeu de mots, il est assez risqué.

Si nous distinguons bien, voici un tableau qui représente une bande de goëlands picorant un champ de pruneaux avariés. Cela s'appelle *La Fosse d'Espagne*.

Au buffet, pièce de circonstance : *La porte Guillaume*, construite en pâtés de Chartres.

Quand à la *Brume* de M. RENOUF, en dépit de certaines qualités de pâte, ce n'est pas un paysage, c'est un rhume de cerveau !

Une curiosité à regarder : un CÉSAR DE COCK, avant l'invention de l'aquarelle à l'huile. Qui reconnaîtrait à cette lourde facture le peintre diaphane des verdures translucides ? Pour apprendre aux débutants à ne pas désespérer de l'avenir.

Une curiosité à ne pas regarder : une ébauche informe où l'on devine un arbre qui pourrait être un bonnet à poil, des canards qui pourraient être des cocardes tricolores et des vaches qui pourraient être des hannetons. Signé DAUBIGNY.

Le bleu minéral a fâcheusement noyé les *Bords de la Seine*, de VÉRON, joli paysage d'une excellente perspective aérienne, composé avec esprit et peint consciencieusement.

Deux toiles dans la tradition historique, peintes par un homme de talent, assurément, M. VIOLLET-LEDUC, mais démodées comme les modes de 1830.

Un *Soir d'automne*, par PINTA, au hasard de la palette.

Quelques bonnes études : *Environs de Rouen*, par M. CHARPENTIER, œuvre d'artiste ; — *L'Allée des Soupirs*, de M. GUILLON ; un paysage trop brillant, trop satiné, avec un petit fond d'un charmant dessin, de M. ARBOIN.

Et enfin, çà et là, quelques échantillons de la fabrique DUPRÉ (Victor) ; ne pas confondre avec Jules !

DESSINÉ A LA PLUME PAR L. LETRONE

PHOTOGRAVURE PAR LE PROCÉDÉ GILLOT

LE · VIEIL · ARBRE

L'Avenir des Impressionnistes

Nous sommes arrivés au terme de notre promenade à travers les paysages. Essayons, en rappelant nos souvenirs, de résumer l'impression générale qui résulte de cette excursion par monts et par vaux.

La tradition du paysage composé, de l'ancien paysage historique, est complètement désertée par l'école contemporaine. C'est un fait visible ; le public lui-même s'est déshabitué des formes conventionnelles, on ne l'intéresse plus que par la vérité.

Toute une légion de jeunes artistes, pleins de foi et d'ardeur, s'est répandue dans nos campagnes et sur nos plages pour interroger la nature en adorateurs passionnés et lui demander le secret de ses harmonies.

On les a baptisés d'un nom que leur indépendance frondeuse porte comme un nom de guerre : *les impressionnistes*. Ils ont supprimé tout intermédiaire entre la nature et eux. Ils ont cette conviction féroce que, pour bien faire, il suffit de voir, et que les forts sont ceux qui peuvent regarder le soleil en face.

La peinture, pour eux, est, à parler franc, autant une science d'observation qu'un art. La question ainsi simplifiée, il faut reconnaître qu'ils ont obtenu des résultats considérables.

Cette recherche de la note, de *l'impression*, poursuivie avec une sincérité qui saute aux yeux, a bientôt fait l'éducation du public, et, comme la vérité est une force irrésistible, on s'est vite aperçu que la brutale agression des réalistes avait démoli les machines les plus soignées de l'école du dessin. Les yeux, une fois habitués à la lumière du plein air, ne peuvent plus souffrir le demi-jour de l'atelier.

Malheureusement, MM. les impressionnistes en sont encore à la période révolutionnaire : bien décousu, il faut recoudre ! Ils ont produit ainsi, il est vrai, d'admirables études, d'une vérité saisissante ; mais ce ne sont que des études. Voilà les matériaux amassés, qui élèvera le palais où doit s'installer la jeune école ?

Neuf fois sur dix, l'impressionniste, quand vous lui demandez un tableau vraiment fait, se drape dans sa dignité et vous appelle dédaigneusement : dessinateur, ou : académicien. Répondez-lui hardiment, en l'appelant : impuissant. C'est en effet son impuissance finale qui le condamne aux études à perpétuité. Quand il a rapporté son panneau dans l'atelier, quand il a cessé de sentir la vibration de cette impression qui le rend si fier, il faut bien qu'il se retrouve en tête-à-tête avec la tradition du dessin. Le dessin intervient fatalement pour fixer l'impression et pour répandre la force dans l'œuvre. Mais l'impressionniste est dédaigneux des maîtres, et son ignorance a grandi à l'ombre des bois. Il a trop longtemps fait l'école buissonnière : c'est alors la revanche du dessin.

Combien y a-t-il, dans tout notre Salon, de peintres qui aient réussi à sortir de l'ébauche sans trahir la vérité ?

La morale de tout ceci est que l'absolu, le système, est toujours une duperie et que le véritable progrès doit être une conquête de la modération. Le maître de l'avenir, celui à qui appartiendra la succession de Corot et de Rousseau sera, sans doute, le premier dessinateur qui aura le courage de confesser la foi impressionniste.

Le Genre Historique

Ou l'on se console de la Rareté de la Grande Peinture

La grande peinture s'en va ! C'est le cri d'alarme que la critique fait résonner sans cesse. Il y a peut-être une bonne raison pour cela, c'est tout simplement qu'elle a fait son temps. D'ailleurs, il faut s'entendre et savoir ce qu'on exige de la peinture pour qu'elle soit grande.

S'il faut, pour être grande, qu'elle ressuscite l'Olympe et recommence l'éternelle revue des Dieux et des Déesses, nous avouons, pour notre part, que nous la verrons sans regret se rapetisser à la taille de notre chétive humanité. On n'a pas tous les jours un Grand Opéra flambant neuf à offrir à Apollon et à sa Cour, et vous voyez que, si le besoin s'en fait sentir, il se trouve encore un Paul Baudry pour faire de la grande peinture.

S'il faut, pour être grande, qu'elle recommence le défilé des vierges et des martyrs, qu'elle mette les dogmes en rébus et perche des anges sur tous les nuages, nous nous résignons à la voir courber sa taille. Vous connaissez le mot de Pascal : qui veut faire l'ange, fait la bête. Il est peut-être un peu tard pour tremper le pinceau dans l'eau bénite.

Si l'on demande à la grande peinture de refaire ces batailles classiques où les masses profondes se déroulaient en bon ordre autour d'un état-major solennel et où le conquérant placide présidait un carnage élégant ; nous l'engagerons à persévérer plutôt dans la voie où elle est entrée, à nous montrer sans fausse honte les horreurs instructives du drame militaire, à incarner la guerre dans la figure trivialement sublime qui la résume, à la fois héros et victime, le soldat, et à nous montrer simplement les épisodes attendrissants ou terribles de son sacrifice.

Que l'artiste se renferme dans la vieille maxime :

Homo sum et nihil humani a me alienum puto.

Qu'il se tienne le plus près possible de l'humanité qu'il a sous les yeux, qu'il ne rapetisse pas la question d'art à une question de draperie ou d'architecture, qu'il soit interprète attentif et fidèle, qu'il cherche, en un mot, son idéal dans la réalité, et il fera de la grande peinture ;

Millet en a fait, qui prenait pour modèles les bûcherons et les faneuses et savait draper une âme humaine dans un haillon !

Nous avons sous les yeux deux échantillons de la prétendue grande peinture : Ce Christ si froid et si roide dans son peignoir blanc, campé par M. Maison près d'un Monsieur académiquement accroupi, c'est ce qu'on appelle une grande page religieuse.

Cette femme, ce modèle, si lourdement dessinée et si tristement peinte par M. Lecadre, il a suffi de la déshabiller dans une pose quelconque devant une statue de Minerve, dans un vestibule plus ou moins grec, et de lui mettre à la main une branche de laurier pour en faire ce qu'en style pompeux on appelle une figure académique et pour que M. Cabanel s'extasie !

Le *Mercure*, de M. Delaunay, n'a pas tant d'appareil ; c'est une simple étude rapportée de Rome, il y a quelques années. Mais elle vibre de la passion des maîtres italiens. La couleur en est meilleure peut-être que le dessin. Les bras sont encore pauvres et quelque peu communs. On cherche les muscles dans les jambes trop rondes ; mais le torse et la tête sont admirablement peints et l'entente de la lumière est parfaite. Le paysage qui entoure et fait valoir la figure est d'un maître, et l'on pouvait, dans cette étude, pressentir l'artiste qui devait plus tard, dans *La Peste de Rome*, se placer aux premiers rangs des peintres d'histoire contemporains.

Ce n'est pas, certes, l'inspiration ni le talent qui manquent à M. Paul Laurens, pour faire de la grande peinture. *L'Interdit* est une toile à peu près irréprochable, d'une couleur splendide. Il est impossible de faire de plus solide peinture et d'être plus fort avec autant de simplicité. Il est fâcheux, seulement, que, pour bien ressentir l'effet magistral de cette composition, on soit obligé de faire un effort d'érudition et que ce tableau ne puisse pas se passer de commentaire.

L'artiste a pris soin de l'écrire sur son cadre même en ces termes :

Quel horrible, quel affreux spectacle dans toutes les villes ! Les portes des églises fermées; leur accès interdit aux chrétiens comme à des chiens; les offices divins suspendus, les sacrements interrompus, le peuple ne venant plus aux fêtes des saints, les cadavres privés de sépulture chrétienne et leur odeur infectant l'air, et leur horrible aspect remplissant de terreur l'esprit des vivants..... (R. de Coggeshale, *Chronique du XIᵉ Siècle*).

Le choix même du sujet devait fatalement en rendre incomplète l'interprétation sur la toile.

Quand on a admiré la vigueur de la touche, la solidité de ce portique byzantin, l'éclat de ce ciel et la science des ombres qui attristent le funèbre enclos, on éprouve une émotion indécise et on est obligé de s'apercevoir que la place est vide. Il faut que le raisonnement déduise alors l'impression, et supplée à tout ce que la composition sous-entend. Il faut se figurer l'église déserte, les fidèles épouvantés par l'exemple de cette interdiction du saint lieu profané ; il faut se représenter la désolation de ceux qui ont été forcés d'abandonner là ces morts sans sépulture. Nous savons bien que le choix du sujet l'exigeait ainsi, mais c'est ce sujet même qui sortait peut-être du domaine de la peinture. Il ne faut pas introduire trop de philosophie dans les arts purement descriptifs.

Aussi, malgré la grandeur de la pensée, c'est l'exécution plus que la composition qui fait de ce tableau une œuvre capitale, dont nous sommes heureux de voir notre Musée s'enrichir.

C'est un autre genre de sous-entendus qu'on découvre dans la *Lyre brisée*, de CHAPLIN. L'intention en est complexe et chacun peut traduire à son gré la grâce raffinée de cette peinture provocante. C'est du Boucher transposé au diapason du temps présent, du Greuze réaliste.

Rappelez-vous l'adorable *Cruche cassée* : les grands yeux bleus de la fillette laissent lire jusqu'au fond de sa petite âme remplie d'étonnements confus et de trouble grave. L'oppression des frayeurs pudiques fait palpiter sa jeune gorge: c'est la victime de l'amour, résignée et plaintive.

La jeune fille à la *Lyre brisée* n'est pas si facile à pénétrer. Bien fin qui devinera ce qui se passe en elle et la confessera. Elle ne songe guère à se plaindre ni à s'inquiéter, et elle a tout autant d'envie d'en rire que d'en pleurer. C'est plutôt une surprise légèrement désappointée qu'exprime son joli visage noyé d'ombres chaudes. La malice sourit à travers son embarras et l'on sent qu'elle ne voit au fond de son aventure qu'un accident assez naturel. Elle aura bientôt fait d'en prendre son parti et de mettre sur ses genoux Amour qui sanglote, pour le consoler dans une caresse. Soyez tranquille, elle a plus d'une corde à sa lyre. Rien de tragique dans son accident.

Nous nous rappelons, malgré nous, en contemplant cette figure séduisante, que Mme Judic a de ses effarements ironiques quand le refrain grivois éclot sur ses lèvres, et nous pensons aussi que la Lyre de la fillette a dû résonner de quelque refrain d'opérette avant de se briser sous des doigts nerveux.

L'exécution, d'une habileté consommée, n'a que le tort de se rapprocher un peu trop du modèle. L'artiste n'a pas eu l'indépendance de le dominer, et l'on découvre çà et là des pauvretés fâcheuses : c'est l'expiation que porte avec soi le réalisme. C'est ainsi que l'ombre qui enveloppe le bras et une partie de l'épaule est alourdie par les reflets noirs de l'atelier ; les clartés du fond conventionnel n'y agissent pas. Il y a là une tache violente qui ferait croire à une faute de dessin. La poitrine, en revanche, et toute la partie du corps que laisse paraître la complaisance de la draperie, est baignée d'une lumière blonde et rose que les tons joyeux semés dans le fond animent de lueurs vivantes. Cette draperie elle-même est peinte avec une admirable liberté de touche.

L'Influence du Modèle

La difficulté de trouver des modèles est une des causes actuelles de la décadence de la grande peinture. Le lymphatisme a envahi nos races, et la beauté ne court pas les rues comme l'esprit. S'il est difficile de se procurer des formes nobles et correctes, il est bien plus difficile encore de rencontrer dans le modèle les qualités morales qui pourraient inspirer le peintre. Le métier n'est pas de ceux qui fortifient les âmes et les modèles ne sont pas, généralement, modèles de vertu plus que d'hygiène.

Or, précisément à mesure que cette spécialité dégénère, physiquement et moralement, le peintre, entraîné par l'invincible courant qui a installé le réalisme dans l'art, perd de son indépendance et se laisse absorber de plus en plus par la préoccupation de l'exécution. On a déjà remarqué depuis longtemps l'invasion du portrait de modèle dans nos Expositions. Les trois quarts des Vénus, des Léda, des Diane, et des baigneuses qui s'y viennent déshabiller descendent en droite ligne des hauteurs de Montmartre ou de Belleville, sinon de Notre-Dame-de-Lorette.

L'exécution sauve parfois la trivialité de la figure, et la couleur peut réparer les misères du dessin ; mais, selon l'expression énergique des ateliers, le nu devient de plus en plus *canaille*. Les plus délicats et les plus raffinés, ceux qui cherchent le plus amoureusement la grâce et la noblesse, Chaplin lui-même, nous l'avons vu, ne peuvent pas préserver complètement leurs toiles de cette contagion du modèle avec lequel ils sont condamnés à vivre en tête à tête.

Nous allons voir un peintre plus soucieux encore de la composition et du style la subir malgré lui.

Il est difficile, assurément, de trouver une composition plus élégante, un dessin plus spirituel, une peinture plus harmonieuse que l'*Amour et la Folie*, de M. Emile Lévy. Elle révèle une entente complète de l'effet, et nous ne connaissons guère de toile où le sentiment moderne soit plus adroitement mêlé à l'étude scrupuleuse de la forme, où le dessin tire un meilleur parti de la couleur. La jeune déesse, dans une pose de coquetterie attentive, dirige le trait que l'aveugle enfant va lancer au hasard. Les deux figures sont groupées avec un rare bonheur de lignes : c'est un chef-d'œuvre d'invention et de dessin que les quatre mains, horizontalement disposées sur la flèche qui va partir, et il est impossible d'exprimer avec plus de finesse et d'esprit l'esclavage où la Folie tient l'Amour. Les deux personnages sont bien dans l'air du magnifique paysage qui les entoure, et celui-ci est composé avec une entente merveilleuse de l'harmonie des couleurs. Les tons gris du buste sur lequel un oiselet se détache en vigueur, les rousseurs éparses parmi les verts, la dégradation savante des tons, depuis la verdure tendre de l'olivier jusqu'au sombre feuillage du chêne, la vive décoration du carquois qui pend aux côtés de l'Amour, toutes ces notes habilement calculées ont des résonnances délicieuses sur les chairs éclatantes.

Il n'y a que l'insuffisance des modèles que tout le talent du peintre n'a pu complètement dissimuler. Le joli visage de la femme en profil perdu, la ligne ondoyante de ses épaules, son buste élancé sont d'une rare distinction. Il faudrait remonter à Léonard de Vinci pour en retrouver la tradition. Mais il a fallu deux modèles pour achever la figure, et les jambes n'appartiennent évidemment pas au même corps ; elles s'alourdissent visiblement. La tête de l'enfant est d'une petite fille de race benoitonne et le corps, il faut bien le dire, trahit les maigreurs souffreteuses et corrompues de Gavroche. Le réalisme a encore une fois lassé la résistance de l'artiste.

L'étude italienne de M. DE CONINCK mérite bien de figurer comme échantillon de grande peinture. Celui-là avait trouvé un vrai modèle ; la tête robuste et lumineuse est d'un dessin irréprochable et d'une couleur superbe. Les notes vigoureuses du fond sont d'une grande justesse. Il faut regretter seulement la timidité du terrain du premier plan, où court un lézard vert et qui est à peine ébauché en teinte plate infiniment trop claire. Il en résulte que la jolie Italienne semble accoudée à un balcon, tandis qu'elle rêve étendue sur le rivage de Capri. Mais ce n'est qu'un mince défaut pour tant de sérieuses qualités.

Comparez avec la *Graziella* de M. CHARPENTIER, qui a dû pourtant tourner les têtes vers 1830, ou avec l'Italienne au violon de M. VIMONT, si commune et si molle. Ce n'est plus que du genre prétentieux ou banal.

M. FLAMENG, malgré tous ses efforts, n'a fait de son *Lutrin* qu'un tableau de genre agrandi. A la première impression, la dimension de la toile, son éclairage théâtral, ses prétentions à la Rembrandt, forcent l'attention. Mais il ne faut pas prolonger l'examen et l'on aperçoit trop vite de nombreux défauts. Ce que l'on prenait pour de la lumière, n'est qu'un glacis de sauce à la groseille.

La composition ne tient guère mieux. Ces bonshommes n'ont pas de corps; leurs soutanes raides sont vides, leurs physionomies inertes; on dirait une collection d'éteignoirs en faïence. Le prêtre qui chante au lutrin est éclairé par une lumière dont on ne s'explique pas l'origine. Toute la composition a été vingt fois remaniée et l'on s'aperçoit bien qu'elle a marché péniblement. Il y a là deux ou trois tableaux superposés et l'on voit par places toutes une stratification de têtes. Le gigantesque lutrin dont l'accès est impraticable est évidemment un reste d'un premier projet.

Nous préférons de beaucoup *l'épisode du Combat de Montretout*, par M. JOURDAIN, un jeune artiste qui a conquis tout d'abord une place distinguée dans l'école d'observation dramatique à la tête de laquelle s'est placé M. de Neuville. M. Jourdain assistait lui-même à cette journée tragique du *19 Janvier 1871*, où une balle perdue enlevait à la peinture française sa plus jeune gloire, en frappant Henri Regnault. Il a rendu sur la toile, avec une émotion saisissante, la tristesse de ce combat d'hiver, au milieu de ce paysage lugubre.

Les silhouettes des gardes nationaux, enveloppées des brouillards du matin, s'enlèvent avec une sécheresse voulue sur l'horizon de brume et de fumée derrière lequel on devine Paris mourant de faim. La peinture est fine et serrée; le dessin irréprochable. Une énergie désespérée anime toute la scène, composée avec une simplicité grandiose : cet homme épaulé derrière le squelette d'un arbre; ce groupe qui rapporte un blessé, ce soldat qui arme son fusil en promenant autour de lui un regard morne; tous ces détails sont pris sur le fait et c'est le patriotisme du peintre qui a conservé l'impression vivante de cette heure de sacrifice. C'est là le réalisme anobli par la pensée, tel qu'il faut l'admirer et le soutenir.

LA LYRE BRISÉE

Quand vous aurez bien médité devant cette petite toile pleine de vie et de vérité, allez voir le groupe militaire d'Hippolyte Bellangé, *Episode de la Retraite de Russie*. Il n'y a pas de comparaison à faire entre l'œuvre d'un débutant et celle d'un maître incontesté ; mais il y a une comparaison forcée entre deux époques, deux écoles, deux buts différents. Les soldats de Bellangé sont épiques, et son tableau, assurément, est une page héroïque qui mérite l'admiration et le respect. C'est véritablement de la grande peinture et c'est le dessin des maîtres. Mais ne sentez-vous pas la convention dans l'arrangement de ces figures tragiques ; n'est-ce pas plutôt le groupe symbolique de l'héroïsme vaincu qu'un épisode vivant d'une époque héroïque ? Les héros de Bellangé ne semblent-ils pas drapés pour souffrir noblement, comme le gladiateur antique pour mourir avec grâce ? Ils posent devant la postérité. Les gardes nationaux de M. Jourdain sont des hommes qui font simplement leur devoir, comme on le fait quand on va mourir ignoré. Il faut bien dire franchement ce qu'on ressent : la toile de Bellangé a une allure théâtrale qui refroidit notre impression ; M. Jourdain, sans autre souci que d'être vrai, nous remue d'une émotion plus poignante et plus intime.

Le Genre

Le genre est à la grande peinture ce que l'anecdote est à l'histoire, ce que le proverbe ou le vaudeville est à la comédie de mœurs. Il prend les choses par leur détail, les événements par leurs petits côtés ; il fixe un trait dans une physionomie, effleure un sentiment, condense une situation, et, parfois, résume un caractère ou une époque dans un trait pathétique ou comique. Le peintre de genre tourne l'épigramme ou le madrigal, badine ou roucoule ; grand érudit, il cherche ses sujets entre les lignes de toutes les vieilles chroniques ; très indiscret, il en trouve même dans les propos d'alcôve ; fureteur passionné, il chiffonne avec amour les vieilles étoffes, collectionne les bibelots et se pâme devant les ferrailles historiques. Il fréquente le Parnasse et les bric-à-brac, approche les souverains, courtise les duchesses, lorgne les bourgeoises, lutine les soubrettes, tutoie les troupiers et trinque avec les Bas-Bretons. Il installe ses personnages sous les lambris dorés, dans les chaumières, au coin des bois. C'est un fantaisiste.

Le peintre de genre doit avoir deux qualités principales : il doit être homme d'esprit et observateur. En outre, exécutant de première force. Règle générale, un tableau de genre doit toujours être fini. Ici la forme emporte le fond. C'est comme la poësie légère, à laquelle on ne passe pas une faiblesse de prosodie. La plus petite faute de composition, la plus légère négligence saute aux yeux dans ces petites toiles, dont la seule raison d'être est de plaire.

Mais aussi, le soin de l'exécution ne doit pas tomber dans la sécheresse et la minutie. Il faut conserver une grande indépendance d'esprit et de main, et éviter soigneusement la banalité, l'afféterie, le pédantisme, plus soigneusement encore la trivialité.

Le genre convient éminemment à l'école française, dont les qualités dominantes ont toujours été justement l'observation et l'esprit, et qui possède, mieux que toute autre, l'art de donner un tour élégant, pittoresque ou sentimental aux moindres incidents. Aussi compte-t-elle des maîtres sans rivaux : Meissonnier, peintre d'histoire microscopique; Gérôme, le Saint-Simon de la peinture; Vibert, dont le pinceau sait faire des mots comme la plume d'un chroniqueur; Nittis, qui fait les tableaux dont Gustave Droz écrit les paroles.

L'écueil du genre est la préciosité. Il tombe facilement dans la gravure de mode, sous prétexte d'élégance, dans la berquinade ou dans la pasquinade.

C'est le genre, conduit par les Firmin-Girard, les Toulmouche, et autres peintres des élégances parisiennes, qu'il faut accuser de l'invasion des petites dames en peignoirs, dont on trouve plusieurs douzaines sur les murs de notre Exposition. Elles sourient, les petites dames, elles minaudent, font la roue, se mirent et s'admirent, au milieu d'un mobilier de chambre garnie étalé sous prétexte de bibelots artistiques. Il y en a, de ces petites dames, qui déchiffrent au piano des valses de Jules Klein; il y en a qui se font des confidences de couturières; il y en a qui lisent des lettres, qui croquent des bonbons; il y en a une qui donne à manger à ses lapins, la chérie! Et toujours et partout elles traînent leur éternel peignoir, blanc, bleu, rose ou gris. Elles sont insupportables, elles et leurs peignoirs!

C'est encore le genre qui nous vaut les petits Bretons qui mangent si gracieusement la soupe au choux; les petits paysans qui jouent avec des quilles, moins en bois qu'eux; les petits soldats qui font prendre Charlet en grippe; les scènes intimes où l'on voit un Monsieur plus laid que nature mettre des bottes pour enfiler une aiguille, etc., etc.

Mais aussi le genre produit des perles comme les soubrettes de CARAUD. La *Soubrette Louis XV qui pèle une pomme*, est un bijou de grâce mutine. La friponne, elle croquerait la pomme bien mieux encore qu'elle ne la pèle! A quoi pense-t-elle, en préparant les beignets qu'elle servira tout à l'heure avec un beau sourire? Aux moustaches de son cousin le garde-française ou à la belle robe à fleurs que M. Caraud lui peindra pour sa prochaine toilette? Sont-elles chatoyantes et délicates ces étoffes que le peintre a si spirituellement chiffonnées autour de la taille cambrée, et quel joli frou-frou cela doit faire à la contre-danse! Est-elle brillante aussi de jeunesse et de fraîcheur, la *Petite laveuse* et comme elle a l'air de compâtir aux peines de cœur que Minette lui raconte en faisant le gros dos. Pauvre Minette, *ils* sont tous les mêmes, soyons philosophes!

M. GROS a peint *les Importants conspirant contre le Mazarin*. C'est à table et le verre en main qu'ils conspirent. La peinture est excellente et chaque figure prise isolément est dessinée avec un soin extrême. Le seigneur, de jaune habillé, qui paraît présider le complot bachique, est crânement campé et vêtu de superbes étoffes. Mais l'ensemble de la composition ne nous paraît pas très adroit. Le premier plan est resté trop vide et les personnages sont trop ramassés vers le fond, dans une perspective écourtée.

La *Maison de paysans à Nice* est une jolie étude, dont les deux personnages, un paysan et une paysanne, devisant au seuil d'une porte, sont spirituellement traités d'après nature. Mais pourquoi le mulet introduit en tiers est-il construit avec les mêmes matériaux que la muraille?

M. Coessin de la Fosse a trois jolis tableaux. *Le Lansquenet* n'a que le tort de manquer d'action. Ce n'est vraiment pas une occupation, pour un si beau lansquenet, que de regarder l'heure à sa montre. Mais quelle excellente facture, quelles armures solides et brillantes. *L'Atelier* est habité par deux petites femmes dont les robes sont bien joliment peintes aussi, si les têtes sont un peu négligées. *Le Poëte léger en 1874* est d'une composition bien amusante. Le poëte, couché sur l'herbe, tient à la main un calepin; il lit avec amour le madrigal qu'il vient de rimer en l'honneur de sa compagne, et on ponctue les beautés d'un geste convaincu. Les costumes sont très amusants et le paysage fort agréable. Cette scène champêtre nous paraît être une variante à l'état d'étude du joli tableau, *Le pêcheur et les poissons*, du même artiste, qui figurait au Salon de Paris. C'était à peu près la même composition, seulement les personnages étaient moins vêtus qu'en 1774.

La *jeune Ménagère*, de M. Laugée, est une fillette de grandeur nature. Assise de face, près de la table de cuisine, elle écosse des pois qu'elle tient dans son tablier blanc et laisse aller son regard au hasard d'une rêverie aimable. La tête, admirablement modelée dans le demi-jour, est d'une expression charmante; c'est une peinture large et distinguée, et cette jolie étude serait parfaite si l'enfant était mieux assise. Un défaut de raccourci ou de perspective semble la faire glisser sur sa chaise.

Disons en passant, pour excuser les artistes qui désertent la grande peinture pour le genre, que l'auteur de la *jeune Ménagère* est un peintre de tableaux religieux du plus grand mérite. Il a orné nombre d'églises de compositions d'un très grand caractère et il travaille en ce moment à deux grandes toiles destinées à l'église de la Trinité. Seulement, la grande peinture est, paraît-il, d'un petit produit; il est difficile d'élever une nombreuse famille avec du grand style. L'artiste s'est donc mis à peindre du genre, des *jeunes ménagères*, et comme il les peint avec le talent qu'on voit, il se fait avec cela des revenus d'un style bien séduisants.

Demandez de la grande peinture, Messieurs les moralistes, achetez-en, et vous en aurez pour votre argent.

Cette simple étude, *Marie Jeanne*, par M. Leygue, a plus de style que bien des grandes toiles. La tête recueillie et pensive, est supérieurement dessinée et chaudement peinte. Le buste fâcheusement un peu lourd.

Les deux petites toiles de notre compatriote LHULLIER, *le Jeu d'Echecs* et la *Retraite* sont l'œuvre d'un coloriste. Les tambours de la retraite ont du mouvement et de la tournure, et s'enlèvent vigoureusement dans le clair obscur. L'aspect de la petite ville qui va s'endormir est bien rendu. On ne regrette qu'un peu de négligence dans les figures des seconds plans, un peu de sécheresse aussi dans le terrain. Les deux amis du jeu d'échecs, avec leurs grandes houppelandes Louis XV, sont encore bien habilement peints, si le sujet est un peu banal.

Le duc de Beaufort, de M. BANCE, est une fantaisie des mieux composées et des plus spirituellement enlevées.

C'est aussi un épisode de l'histoire des *Importants*, mais il est mieux choisi et plus intéressant que celui de M. Gros. Le duc, dont la figure mince pétille d'esprit rageur, charme les loisirs de sa captivité à Vincennes en pendant en effigie le Cardinal, représenté par une écrevisse de son déjeuner.

Le dessin est fort joli, l'allusion porte juste, et n'était l'exécution un peu molle et l'aspect trop gris, ce Beaufort serait digne de marcher à la tête de la conspiration.

M. MEISSONNIER FILS ne se contente pas de faire feu du nom de son illustre père, il appelle la politique à son aide pour attirer l'attention sur sa petite toile. Le moyen de ne pas s'arrêter devant des *Capucins faisant de la politique*, quand l'un d'eux développe ostensiblement la *République Française!* La scène est pleine de verve, du reste, et les physionomies parlent si clairement qu'on peut suivre la discussion. Le lecteur du journal républicain, froid et positif, est évidemment entaché de libéralisme ; non-seulement il lit les articles de M. Challemel-Lacour, mais il y trouve parfois du bon, et il est peut-être même d'avis que tous les républicains ne sont pas des assassins! Cette figure pensive et calme trahit l'homme d'études et de réflexion : nous gagerions que ce capucin raisonneur est un ancien élève de l'Ecole polytechnique. Son contradicteur, de race méridionale et passionnée, a fait sa théologie à Rome, il doit foudroyer la libre pensée et l'esprit moderne dans un discours apocalytique. Fâcheusement, l'exécution ne vaut pas l'invention. La peinture est lourde et les détails du préau où sont arrêtés les deux causeurs, faits de *chic*, sont pauvres et secs.

La piquante et gracieuse composition de M. EHRMANN, *le Passage de Vénus*, est une fort jolie fantaisie, traitée avec beaucoup de talent. Malgré ses petites dimensions, c'est une page d'art décoratif comme on n'en fait plus guère, et qui joint la simplicité à l'élégance. Quel adorable motif pour le boudoir d'une étoile du jour :

Vénus, l'astre empourpré, illuminée de tous les feux de l'Orient, flottant dans les vapeurs matinales et couronnée de draperies légères, passe en glissant devant Phœbus, qui l'enveloppe et la caresse de ses rayons d'or. La pose aérienne de l'étoile du matin est une merveille de grâce et de légèreté, le dessin est souple et correct, et les tons roses et ambrés sont distribués avec une rare entente de la lumière. Il n'y a qu'une faiblesse, c'est le dessin du pied, qui pèse avec un effort inutile sur la nuée.

Quand un petit Monsieur, fort bien mis, veston de velours et barbe soyeuse, pêche à la ligne, assis sur un pont rustique, qui est-ce qui mord à l'hameçon ? C'est d'abord une jolie petite paysanne en cotillon court et blanche cornette, et le public ensuite, qui chercherait vainement tableau plus coquet, plus propret, plus à la mode ; c'est la morale qu'il faut tirer de *La Pêche*, de M. Rudaux, qui excelle à peindre, sans un grain de poussière, le velours, le feutre, la soie, la cretonne et l'oxford.

Presque aussi aimable est la *Soubrette* de M. Hue, sa robe fleurie, son corsage épanoui, et surtout la belle tenture de papier cuir de la salle à manger !

Mais rien n'est aussi joli que la *Rêveuse de 16 ans*, de M. Landelle. On chercherait vainement dans tout le Salon de plus beaux yeux, plus mollement noyés d'ombres virginales, un visage plus accompli, un teint plus reposé ; mais un peintre de la valeur de M. Landelle doit être mécontent de lui quand il arrive à peindre ce joli-là, sans un accent, sans une vigueur ; peinture de demoiselle, peinture sur porcelaine.

M. Lanfant, autrefois de Metz, aujourd'hui du Havre, est le Michel Ange des petits galopins, le Rubens du biberon, le Meissonnier du berceau ! Qui pourrait dire la quantité d'académies rondelettes, de petits torses potelés, de joues à fossettes, qu'il a groupés, au caprice d'une imagination inépuisable, dans ces mignonnes comédies enfantines où la gaminerie est tour à tour idylle ou vaudeville ? Les deux petites scènes sentimentales qu'on expose de lui, *La Lettre au bon Dieu* et *Le jour des Rameaux*, sont à notre gré trop maniérées de couleur et de composition et sa manière s'y affadit ; les petits costumes sont bien coquettement dessinés, mais ils recouvrent de véritables poupées en porcelaine. Nous préférons les esquisses si chaudes et si mouvementées qu'il enlève d'ordinaire avec tant de verve. La grappe de gamins montant à l'assaut d'un lutrin, qu'il a offerte à la Tombola des inondés, donne une plus juste idée de sa manière facile et personnelle. Il n'y a que lui qui sache jeter sur la toile ces fantaisies spirituelles, tandis que trop de gens, hélas, font des sentimentalités proprettes.

La Sérénade, de M. de Curzon, est composée avec l'emphase qui lui est habituelle. Dessin consciencieux, peinture solide, mais trop égale : beaucoup de talent, peu d'intérêt ; on cherche un accent de passion, un élan de sincérité, quelque chose qui ne soit pas convenu, une échappée vers la nature, de la lumière qui ne vienne pas de l'atelier, des personnages qui ne soient pas des modèles : hélas, il faut rester dans l'opéra-comique.

C'est à l'opéra-comique que se chante aussi la *Canzonnetta*, de M. Benner ; dans les coulisses, sans doute, car la chanson paraît tourner en dispute, et le troubadour a, Dieu me pardonne, menacé la princesse d'une correction. Il n'est que temps que le régisseur intervienne !

L'*Andromède* est une étude où l'on trouve des parties fort bien dessinées et modelées avec fermeté ; mais les pieds et les mains sont à peine ébauchés. Nous n'aimons pas beaucoup cette peinture mince qui laisse voir le grain de la toile, au lieu de produire la vibration par la couleur.

M. Saint-Pierre avait cette année au Salon de Paris une fort jolie *Chasseresse*. Est-ce bien lui qui a peinturluré cette créature pantelante qu'il veut faire passer pour une Mauresque ?

Les amateurs pourront lui donner comme pendant l'*Odalisque* de M. Mars, de sa profession nourrice au sérail, sans doute.

On se réconcilie avec l'Orient, en regardant les toiles lumineuses et gaies, habilement peintes, de M. Chataud, la *Grande Mosquée d'Alger*, la *Rue des Janissaires*, le *Juif*.

Plus sérieusement faites sont les deux petites toiles de M. Washington, *Chevaux arabes* et *Fantasia* ; elles ont l'aspect et l'éclat des meilleurs Fromentin. Le dessin des petites figures et des animaux est prodigieusement serré ; la composition est achevée ; le paysage plein d'air et de lumière. Grossissez à la loupe ces scènes microscopiques, et vous aurez d'excellents tableaux.

Bien habiles sont aussi les petits Lewis Brown, si nerveusement touchés, mais ils supportent moins bien l'examen, et leur plus grand mérite est dans la vivacité de la facture.

Il y a de grandes qualités dans *Les Deux Amis*, de M. Valadon. Une petite fille mangeant sa soupe en tête-à-tête avec son chien. La composition laisse voir une main peut-être encore inexpérimentée ; l'espace manque, et la toile est encombrée. C'est une malheureuse idée que d'avoir fait de la soupière un volcan domestique, qui vomit des tourbillons épais de fumée, dont l'air est obscurci ; mais il y a là beaucoup de sentiment et de vérité ; c'est d'une bonne couleur et largement peint.

Combien cette naïveté un peu gauche est préférable à la raideur prétentieuse et banale de la *Cuisinière* pathétique de M. Betsellère.

SOUBRETTE LOUIS XV

Voici encore de petites scènes d'intérieur d'une bonne impression : la *Jeune fille jouant avec un serin*, de M. LAINÉ, peinture calme, un peu triste, mais juste de valeur et d'effet, bien dessinée, intéressante par sa simplicité même; la *Jeune fille lisant*, de Mme STEEN; le *Dessinateur*, de M. HAMELIN, solidement peint, dans une gamme trop grisâtre.

M. CARRÉ SOUBIRAN a surpris sur les marches d'un escalier tapissé de verdure fleurie, en plein soleil, bavardant et souriant, deux écolières *En récréation*. C'est une large étude, qui sent la nature; rien que des notes, si l'on veut, mais combien justes, fraîches et spirituellement touchées.

M. DE VUILLEFROY, dans une toile de petites dimensions, a voulu saisir le mouvement pittoresque et la vie plantureuse de ce quartier populeux, que M. Zola appelle « le ventre de Paris. » C'est bien l'animation de *La Pointe St-Eustache*, encombrée de ses marchandes de légumes, de ses forts et de ses chalands habituels, et la composition ne manque pas d'un certain caractère de vérité. Nous voudrions bien savoir, par exemple, comment il se fait que le commissionnaire qui traîne la brouette derrière lui, a déjà fait cortège au *Régiment qui passe*, de Detaille. C'est le même bonhomme, trait pour trait.

Comment expliquer aussi la faiblesse totale avec laquelle le même pinceau a représenté *La Rue Quincampoix en 1791*.

Le Boulevard de la Madeleine au mois de janvier est peint avec brio par M. PAPELEU; c'est excellent de ton et de facture, mais la perspective est trop raccourcie et ce maigre paysage de neige ne donne pas une bien noble idée du grand boulevard.

Les petites *Pêcheuses* à la grecque, de M. HEULLANT, sont peintes avec adresse et éclat; nous serions moins indulgent pour le *Joueur de Flûte*.

L'Ecole buissonnière, de M. DEVOS, œuvre d'un débutant, probablement, est une idée originale maladroitement rendue, mais au moins c'est une idée.

Nous en dirons autant du *Repas du Modèle*, de Mme UNTERNAHRER, bien négligé comme peinture, mais spirituellement conçu : un Romain en grande tenue, *togatus et laureatus*, dîne d'un biscuit trempé, pendant une suspension de séance. Il aurait fallu peu de chose pour donner de la tournure à cette composition originale.

Mais que de chose il faudrait pour rendre supportable cette grande toile vide et prétentieuse que M. POGGI intitule : *Accord parfait*. Nous ne pardonnerons jamais au talent de M. Hamon de nous avoir exposés à ces parades d'après l'antique.

Portraits

L'œuvre la plus forte et la plus complète du Salon de 1875, à Paris, était incontestablement le portrait de Mme Pasca, par M. BONNAT. C'est devant cette toile magistrale qu'il fallait s'arrêter, pour contempler de la véritable belle peinture. Il y avait plus de grandeur de pensée, plus de noblesse d'allure et de profondeur pathétique dans cette figure, où le réalisme moderne paraissait tout transfiguré d'idéal, que dans les grandes machines où le romantisme et l'Académie rivalisaient d'efforts, d'érudition et de bric-à-brac pour violenter l'émotion. L'ampleur d'exécution, la simplicité dans l'interprétation fidèle de la nature avaient seules permis à l'artiste d'atteindre à ce degré de force.

Le portrait est, en effet, entre tous les genres, celui où la peinture moderne peut le plus sûrement viser et atteindre à la supériorité des maîtres. Cette passion de la vérité, qui est le caractère et le mérite le plus certain de l'art contemporain, devrait trouver dans le portrait son emploi logique.

Malheureusement, le souci exagéré de l'exécution, l'amour du détail, le dési de faire preuve d'habileté, éloignent trop souvent nos peintres de portraits de la simplicité dans l'interprétation de la personnalité humaine. On veut rivaliser d'exactitude avec les photographes, et les chairs se couvrent d'une mosaïque de tons plus ou moins habilement posés, derrière lesquels disparaît le modelé, qui seul peut donner le caractère.

Ou bien, sous prétexte de se montrer coloriste et de faire briller la crânerie de la touche, on encombre la toile d'étoffes brossées avec furie; on cherche les notes violentes, on sacrifie tout à la draperie de velours, de satin ou de cachemire, et le portrait n'est plus qu'un prétexte à étalage de tissus.

La couturière collabore et tel portrait a fait courir tout Paris, qui n'était que le portrait d'une robe, d'un châle, d'un tapis ou d'une paire de gants.

C'est une mode que MM. les peintres ont introduite, de ganter leurs modèles, et l'on ne fait plus guère le portrait d'une femme de bon ton, sans emprisonner sa main dans le gant de Suède à dix boutons. Vous en avez vu cinquante à Paris, de ces portraits qui ne sont que gravures de modes agrandies : des femmes souriantes et même un peu maquillées, aux toilettes *historiées*, comme on disait autrefois, armées en guerre pour le bal, le bois ou les courses, ressemblantes, assurément, car elles se ressemblent toutes, et qu'on pourrait désigner sous ces titres :

Portrait de Mme A., *mettant ses gants ;*

Portrait de Mme B., *retirant ses gants ;*

Portrait de l'ombrelle de Mlle C.;

Portrait du cachemire de Mme D., etc., etc.

Et il y a souvent un talent endiablé dans ces puérilités, des prodiges de trompe-l'œil ; ces gens-là seraient des peintres de nature morte de première force. Ils traitent le portrait comme Desgoffe traite le bibelot. Le malheur est qu'au milieu de ces préoccupations banales, ils ont totalement oublié la figure humaine, et derrière la figure l'âme qui la pénètre, la pensée qui l'anime, le souffle qui la redresse. Si la bottine est bien vernie, la tête sera toujours assez modelée. Que dis-je ? Il faut un long examen pour découvrir qu'il y a une tête sur ces amas d'étoffes et de guipures et que ces toilettes tapageuses sont habitées !

Voyez ce blondin que M. FIRMIN GIRARD a emprisonné dans son cadre, raide et guindé comme un larbin ou comme un apprenti diplomate dans une antichambre. Le pauvre enfant, qui le délivrera de la pose prématurée et le rendra au grand air, à la liberté ? Est-ce bien un enfant d'ailleurs, ou n'est-ce pas plutôt un mannequin perfectionné, montant la garde à la porte d'un tailleur ?

Ce serait alors un trompe-l'œil d'une certaine habileté et une réclame séduisante. Ses petites bottines s'enlèvent sur le tapis avec un brio étourdissant, on les chausserait ; sa cravate rose miroite dans sa fraîcheur immaculée sur le veston de velours ; le petit pardessus, qu'il est condamné à porter, a le pli du neuf. M. Girard est un habile homme ! Il a eu encore assez d'habileté pour couronner la petite tête d'une auréole de cheveux blonds où la lumière se joue avec beaucoup d'éclat et de légèreté. Mais quand il a eu semé son habileté, son énervante habileté, dans ces détails d'un rendu excessif, il a considéré sans doute son œuvre comme suffisamment meublée, et s'est dit, en se mirant dans ses bottines : maintenant, brossons la figure, puisque la tradition veut qu'il y ait une figure. Et la petite figure est venue, triste, molle, bouffie, sans modelé ni dessin, sans plans ni concours; il n'y avait plus de lumière pour elle, pas plus que pour les petites mains, gonflées d'engelures incolores. Une figure, des mains, bagatelle, tout le monde en fait; mais tout le monde n'a pas le sentiment du pardessus, le génie du bas de laine, la révélation du cirage !

Et voilà comment un homme de talent; — car M. Girard en a, et beaucoup, et il n'en est que plus coupable, — fait un portrait pour les accessoires ; voilà pourquoi ce pauvre enfant blond, qui, vivant, doit être un si bel enfant, quand le sourire épanouit sa douce figure, quand ses muscles jouent et que son sang rose circule, nous paraît si gauche, si maussade et si triste. Si quelque jour la cire molle dont vous l'avez pétri vient à fondre et à gâter ses beaux habits, ce sera terrible, mais ce ne sera que justice, entendez-vous, Monsieur le peintre !

Combien nous préférons à tout cet attirail cette autre petite tête blonde, si finement modelée, si simplement dessinée, si fraîche et si vivante, un peu froide peut-être et d'une pâte un peu mince, mais dont l'exécution sobre et serrée rend M. BENNER encore plus inexcusable d'avoir commis les fadeurs maladroites de sa *Canzonetta*.

M. CAROLUS DURAND, qui a fait de merveilleux portraits, toutes les fois qu'il a voulu regarder la nature avec simplicité, n'a pas su toujours s'abstenir du tapage. Il ne s'est pas toujours contenté de briller; il a voulu éblouir et il a tiré des feux d'artifices en l'air qui sont retombés sur sa renommée, en laissant une odeur vague de roussi.

Le portrait de Mme C..., qui figure à notre Salon, vaut infiniment mieux que toute son exposition parisienne de cette année. On ne rencontre pas, Dieu merci, dans cette toile sobre d'intention, la recherche d'effet qui compromet trop souvent son réel talent. La pose est simple et naturelle ; la figure, bien dans l'air, vient à vous et se détache avec un relief vigoureux sur le fond vert du tableau. La tête est peinte avec une remarquable justesse de tons, fort ressemblante et spirituellement dessinée, sauf quelques pauvretés dans le cou, d'un modelé insuffisant et que l'ombre enveloppe avec mollesse. Les étoffes sont brillantes et le châle qui fait draperie accompagne bien l'ensemble. Il ne faut voir dans ce portrait, croyons-nous, qu'une large ébauche, traitée avec beaucoup de verve et d'indépendance, mais qui, dans certaines parties, dans les mains, par exemple, d'un dessin incomplet et commun, trahit l'étude inachevée.

Nous pouvons bien prendre pour un portrait la composition que M. CARRIER-BELLEUSE intitule *Le Plat du Baptême*, car on y reconnaît l'étude attentive et fidèle du modèle. C'est une triomphante et plantureuse marraine qui présente, selon l'usage alsacien, son filleul couché sur un plat, parmi les dragées de baptême.

Et voyez comme la bouche épanouie de la commère est outillée pour faire honneur au « plat du baptême » : lèvres brillantes pour dévorer le marmot de baisers sonores, dents aiguisées pour croquer les bonbons! Si son regard malicieux, tout enflammé de gourmandise, a le pouvoir des fées marraines, le filleul sera bien loti et fera un gaillard actif au plaisir et connaisseur aux bonnes choses.

Cette œuvre très personnelle, pleine d'originalité et de force, d'un sentiment très raffiné et très subtil, mérite doublement de fixer l'attention, car elle est l'œuvre d'un tout jeune homme, presque un débutant. Les défauts très évidents qu'on y rencontre n'ont donc rien d'inquiétant, et les qualités qu'elle renferme sont assez éclatantes pour permettre d'attendre beaucoup de l'auteur, quand il aura rectifié sa voie.

On peut lui reprocher la coloration plombée qui éteint les tons, posés d'ailleurs avec justesse ; les violences inutiles qui encanaillent le dessin ; le maquillage de petites notes qui papillotent sur l'épiderme. Il est certain que l'exécution pêche par une habileté trop nerveuse et trop visible. Plus de simplicité dans le modelé aurait rendu l'œuvre plus distinguée, et fait disparaître ce miroitement qui farde la peau. Mais telle qu'elle est, l'œuvre de M. Carrier-Belleuse annonce un tempérament, une personnalité. Il est difficile de dessiner plus spirituellement, de peindre plus librement. On retrouve dans cette touche dégagée et bon enfant l'allure crâne et la bonhomie sensuelle avec laquelle M. Carrier-Belleuse père enlève ces bustes d'un modelé si palpitant et si vibrant. Seulement, il ne faudrait pas que l'habileté vînt entraver l'étude et nous engageons le jeune artiste à se méfier de la patte.

Nous n'hésitons pas à regarder le portrait de Mme P..., par M. GALBRUND, comme le meilleur du Salon.

Nous ne savons pourquoi le pastel, ce genre délicat et spirituel, qui fut pratiqué par des maîtres de l'école française, est relégué d'ordinaire, dans les Expositions, parmi les dessins.

Il est vrai que trop souvent le pastel, aminci et râclé, devient un travail de hachures bon à peine à passionner les pensionnats de demoiselles. Mais quand il est broyé avec fermeté comme par M. Galbrund, il a toute la solidité et la puissance lumineuse des meilleures pâtes, et c'est de droit qu'il prend place parmi la peinture.

Le portrait en pied de Mme P..., a ce caractère de simplicité magistrale qu'il faut exiger avant tout. Le modelé de la figure, placée de trois quarts, est d'une rigueur de dessin qui a serré de près le modèle, pour saisir la personnalité dans les grandes lignes.

Pas une touche inutile, pas un détail capricieux, tout se passe dans la simplicité des plans, éclairés avec une justesse de tons irréprochable. Le front solide et lumineux, où le sang circule sous l'épiderme diaphane, renferme la pensée, qui se répand dans le regard profond, voilé d'ombres douces.

On lit la noblesse et la décision du caractère dans le galbe fin et distingué du visage, et, véritablement, l'âme est montée à la surface de ce beau portrait.

La pose est simple, le costume discret n'entre dans la composition que pour la valeur qui lui appartient, mais le ravissant dessin des mains abandonnées dans la rêverie, suffit à compléter la composition et à soutenir l'intérêt.

Ce portrait est de ceux dont on pressent la ressemblance, et dont la ressemblance survit aux années, car ils fixent la personnalité.

Telle est l'impression qu'on éprouve encore en regardant la laideur spirituelle et vivante de cette tête d'abbé, qui est une merveille de dessin et d'indépendance. L'œil rond et clair, sous le sourcil qui balafre le front, pétille d'intelligence et de finesse, le nez mobile et brutal, la bouche coupante et tourmentée, qui accentue le menton pesant, composent une physionomie pénétrante où l'on lit comme à livre ouvert la bonhomie gouailleuse et la verve. Le curé de Meudon saluerait d'un signe amical cette soutane puissante.

Et quelle fraîcheur de coloris, quelle pureté de dessin dans cette tête de jeune fille, couronnée d'or pâle, avec ses grands yeux bleus qui réflètent le printemps.

La *Résignation* est une tête d'expression, peinte avec une grande délicatesse, soutenue par la fermeté du dessin. Un type assez étrange, d'ailleurs, une enfant ravagée par la douleur inconsciente, et dont les pleurs irresponsables semblent être un héritage de misère et peut être de vice. Résignée à vivre, à vivre misérable, bientôt coupable !

M. LHUILLIER expose un portrait d'homme qui a de sérieuses qualités de couleur et de pâte. Grassement modelée, haute en couleur, la figure contient beaucoup de lumière. La tête n'est pas assez enveloppée, fâcheusement, et les cheveux sont secs et compacts. Mais notre concitoyen expose, dans la salle rétrospective, un portrait de vieille femme qui est un petit chef-d'œuvre, et qui force l'attention entre toutes les œuvres de maître qui l'avoisinent. C'est donc là que nous pourrons juger sa valeur de coloriste et la puissance de son tempérament.

L'AMOUR ET LA FOLIE

(Fable de LaFontaine)

Animaux. — Fleurs. — Nature-morte

Il n'y a qu'un petit nombre de peintres d'animaux à notre Salon. Encore, deux d'entre eux n'ont-ils envoyé que des études. La *Tête de Chien* de M. MELLIN est fort bien dessinée et habilement peinte. La *Tête de Cheval*, grandeur nature, étude faite par M. BETSELLÈRE pour le portrait équestre du maréchal de Mac-Mahon, est traitée avec puissance. Seulement, autant que la connaissance très incomplète que nous avons de l'anatomie chevaline, nous permet d'en juger, le crâne nous paraît bien étroit et la même disproportion nous frappe dans la petite tête qui accompagne la grande étude. Il est vrai que le cheval d'un maréchal, fut-il président de la République, n'est pas nécessairement une forte tête.

Les *Chevaux au pâturage*, de M. AUGUSTE BONHEUR, sont un bien joli tableau. Le paysage souriant au milieu duquel sont arrêtés ces nobles animaux est fort bien peint et brillamment éclairé. Les chevaux, groupés avec élégance, sont admirablement dessinés et leurs robes lustrées sont d'une grande vérité de couleur.

Quant aux *Chevaux en liberté* de M. LEMORE, c'est de robes de soie qu'ils sont couverts, et les nuances les plus suaves du gorge-pigeon jouent sur leurs croupes. Ils sont bien singulièrement dessinés aussi, et il y a là un petit cheval pommelé qui semble de la race des chevaux de plomb qu'on élève à Nuremberg. M. Lemore réussit peut être mieux les portraits de profil, avec le jockey par dessus le marché, comme dans son *Full Speed*. Mais nous ne saurions dire si les portraits sont ressemblants.

7

Les *Moutons dans la Bergerie*, de M. DEFAUX, sont d'une composition amusante, et on y retrouve l'habileté de patte de l'éminent paysagiste. Mais il ne faut pas prendre trop au sérieux ce croquis, où l'artiste n'a mis que sa facture brillante et facile.

Bien fantaisistes aussi sont les singes travestis dont M. NOTERMAN a fait les acteurs d'une bataille après boire ? L'idée est drôle et rendue avec assez d'esprit, mais en dehors de toute préoccupation d'étude et de vérité. C'est une bonne caricature darwiniste.

Avec une grande finesse de pinceau, M. THÉVENOT a peint un groupe d'oiseaux dont on peut compter les plumes.

Les Geais, de M. DAMERON, peints en pleine pâte, avec une grande franchise de touche et d'une couleur excellente, sont bien autrement intéressants.

La Course de Chars, de M. DONEAUD, est une fantaisie bien extraordinaire. Au premier aspect, on croit voir de ces cadres entomologiques où une collection d'insectes subissent le supplice du pal. En regardant mieux, on découvre toute une scène humoristique que jouent ces acteurs ailés. C'est bien une course de chars, en effet, à laquelle on assiste. La piste serpente à travers les herbes, limitée par des brins de paille ; les chars sont de mignonnes coquilles nacrées que traînent de superbes hannetons, conduits à grandes guides par des papillons aux casaques éclatantes. Chaque attelage, diversement empanaché, s'efforce de dépasser son rival, et se hâte lentement. L'un des coursiers s'est abattu, et cet accident cause évidemment un vif émoi parmi le menu fretin des parieurs, qui agitent leurs élytres dans l'enceinte des piétons. Des libellules étalent leurs fraîches toilettes sous l'œil entreprenant des scarabées gommeux, et une grande coquette fait son entrée dans le champ de courses, en équipage à la Daumont. Un beau coquelicot marque l'enceinte du pesage, vers laquelle s'acheminent, en se hissant sur un caillou, de lourds paons, pansus et couperosés comme des bookmakers anglais.

La composition est traitée avec un soin inouï et les mille personnages qui s'y agitent sont tous peints d'après nature, et fort bien peints, qui plus est, avec un soin et une exactitude incroyables. C'est à penser que la Fée des papillons a commandé ce tableau pour orner son palais, en y mettant le prix.

M. Doneaud, qui a dépensé beaucoup de travail et un certain talent à cette singulière rêverie, ne fera pas école sans doute. En tout cas, sa toile est une vraie curiosité, sur laquelle nous appelons l'attention des esprits tendres qui, aimant bien les hannetons, savent les comprendre.

Quel joli sujet d'étude, qu'un bouquet de fleurs : finesse du dessin, transparence des tissus, éclat des couleurs, variété infinie de tons, élégance des mouvements, autant de défis que porte à l'artiste le modèle parfumé qu'il faut saisir avec une passion rapide, car il sera fané demain ! Aussi, faut-il, pour rendre ces fragiles harmonies, une sûreté de coup d'œil égale à la légèreté de la main, une pâte souple et grasse, une touche indépendante et ferme; il faut savoir faire sentir le dessin dans l'ébauche, à la fois habile et consciencieuse. Bien peu réunissent toutes ces qualités :

Si le dessin est trop lâché, il ne reste plus qu'un cliquetis de notes qui peuvent être justes, et rendre l'effet, mais qui n'intéressent pas longtemps. Si, au contraire, la vérité des tons ne soutient pas le dessin; si la touche s'épaissit ou se dessèche, vous aurez des fleurs en laine, en fer-blanc, en papier; pas de vraies fleurs. Par crainte d'un mal on tombe dans un pire.

Les meilleurs tableaux de fleurs du Salon sont ceux de MM. Kreider et Claude. Le bouquet de *Fleurs des champs*, peint par M. KREIDER, composé avec une élégante simplicité, est d'une fraîcheur, d'un éclat, qui rivalisent avec la nature. Nous aurions voulu seulement que tout en conservant sa supériorité comme coloriste, l'artiste ait dessiné davantage quelques-unes de ses fleurs, ce coquelicot posé au premier plan, par exemple, qui n'est qu'une tache rouge, très juste de ton, assurément, mais enfin une tache; la couleur d'un coquelicot, sans le coquelicot. Est-il donc moins brillant et moins léger, pour être finement dessiné, ce merveilleux papillon qui est le plus joli détail du tableau ?

Nous ferons le même reproche au vase de giroflées de M. CLAUDE. Il est impossible de distribuer les tons avec plus d'éclat et de vérité, de peindre plus grassement dans un vif coloris. Mais certaines fleurs des premiers plans, restées à l'état de taches, auraient gagné à être plus dessinées, dessinées seulement comme la *branche de Pommier en fleurs*, du même artiste, qui est une petite perfection.

M. Michel DE L'HAY, lui aussi, tout en conservant la délicatesse exquise et la fraîcheur des tons, la souplesse et la transparence de son bouquet de roses, si admirablement peint, n'aurait-il pas pu nous donner la forme en même temps que la couleur?

Cet abus de la touche, tenant lieu de tout dessin, ce parti-pris de borner tout l'effort à l'observation des tons, est plus sensible encore, parce qu'il est moins habile, dans les fleurs de M. DELANOY. Les fleurs du bouquet sont moins faites que celles qui décorent la potiche qui le renferme.

Les *Primevères de la Chine*, peintes par Mme DONEAUD, sont bien dessinées, d'un coloris brillant, mais cette fois la touche est amaigrie et la fleur prend la sécheresse cassante du papier; au contraire, ses pavots, lourdement entassés et encombrés de détails, ont la mollesse de la laine.

Trop cotoneux aussi, quoique très bien dessinés, les *Chrysanthèmes* réunis en gerbe énorme par Mme MURATON. C'est une faute de composition que de ne pas savoir choisir parmi tant de fleurs, et de les peindre ainsi toutes en paquet : deux cents chrysanthèmes entassés au hasard et répétant indéfiniment les mêmes accidents sont moins intéressants que vingt, groupés avec grâce. Plus de simplicité aurait allégé ce tableau, qui dénote une étude attentive de la fleur.

Nous préférons les *fraises* que la même artiste a peintes avec une grande fraîcheur ; on en mangerait, c'est un trompe-bouche largement fait.

La *Bourriche d'Anémones*, de Mme UNTERNAHRER, est copiée naïvement, avec une sincérité qui produira de bonnes choses quand l'habileté aura émancipé la touche. La composition est gauche encore, et la bourriche occupe une place trop importante.

Il y a tout une école de peintres de fleurs et de fruits, gens très habiles, composant avec goût, mais se souciant fort peu de suivre la nature. Ils n'obéissent guère qu'à la convention ; tout, ou presque tout, est chez eux tradition de métier. Ils font ainsi des toiles très décoratives, riantes d'aspect, remplies de détails agréables, mais qui rentrent absolument dans l'ornementation.

De ce nombre est la grande toile de M. BIDAU, la *Vie à la campagne*, grande et brillante décoration, disposée avec beaucoup de goût, mais où il serait inutile de chercher même un essai de vérité.

Les tableaux de M. MICHELOT rentrent aussi pour une bonne part dans ce genre de travail. Son *Poulet*, étudié d'après nature, est fort adroitement rendu ; le cuivre du chaudron est largement touché ; mais le reste, écrevisses, branche de laurier, n'est plus qu'affaire de chic et de décor ; de même ses *Fleurs*, ses *Fruits*, son *Panier de cerises* peintes absolument avec les mêmes tons, les mêmes accents métalliques que les écrevisses de tout à l'heure, mais d'un très joli groupement. Quand M. Michelot voudra employer son incontestable habileté à interpréter consciencieusement la nature, quand il s'astreindra à ne jamais poser un ton qu'il ne l'ait sous les yeux, à mettre dans l'air tous ses modèles, il fera des toiles excellentes, car il est coloriste, il dessine et il est passé maître dans la composition.

La nature-morte, qui n'a de mérite que par la fidélité du dessin et de la couleur, n'est plus rien quand elle admet la convention.

Pour rencontrer des études vraiment faites d'après nature, soigneusement dessinées et consciencieusement peintes, il faut s'arrêter devant les excellentes compositions de M. ATTENDU. Elles sont encore d'un effet très décoratif, mais tous les éléments en sont fidèlement copiés sur la nature, et la lumière enveloppe toute la composition. Il y a des morceaux achevés dans le matériel de *Dîner*, plantureusement étalé sur la table de cuisine. Le *Jambon de Bayonne*, flanqué de bocaux de pickles, est d'une vérité de tons admirables. Il y a là un couteau de nacre qui est une merveille de dessin et de rendu, sans sécheresse ni minutie.

Nous aimons aussi la petite toile de M. BORIONNE, *le Café*. C'est habilement peint, dans une coloration blonde et distinguée qui rappelle les nature-morte de Chardin. Le petit pot de Japon est solide et brillant; le dessin d'un joli caractère. C'est une étude excellente, qui vaut mieux dans sa simplicité que les décors les plus meublés.

Moins bien sont les fruits géants que l'artiste a placés au milieu d'un paysage disproportionné et conventionnel. Moins bien la *Cruche* sèchement peinte et durement découpée, à côté d'un pain en faïence.

La brioche de M. AUBRY, peinte plus lourdement, est encore dans une tonalité intéressante et étudiée sérieusement d'après nature.

Aquarelles. — Dessins. — Gravures. Faiences.

L'aquarelle nous a toujours paru en instrument d'étude, un procédé d'ébauche facile et brillant, destiné surtout à enrichir de souvenirs les cartons de l'artiste.

Rapidement touchée, elle fournit un répertoire précieux d'impressions de détail, elle note des effets, elle saisit une pensée, elle est une sorte de sténographie, qui fournit la matière des développements ultérieurs.

C'est assez dire que ce que nous recherchons surtout dans une aquarelle, c'est la vivacité et la spontanéité, la vérité de l'aspect, le caractère et la liberté.

Il y a cependant des artistes dont l'habileté tire un merveilleux parti de ce procédé pour produire des œuvres finies, qui deviennent de véritables miniatures.

Telle est la belle aquarelle de M. CAMINO, représentant une *Jeune Fille à la Fontaine*. Il n'y a pas de peinture plus achevée. La couleur en est fort agréable, bien que nécessairement éteinte par le fini du travail qui a fondu tous les tons et fait disparaître les violences qui relèvent ordinairement l'aquarelle. Nous croyons que l'artiste aurait beaucoup plus sûrement atteint son but en employant la peinture à l'huile ; mais il a trop bien réussi, en somme, pour qu'on puisse lui demander compte du moyen employé.

L'aquarelle de M. Chaplin, *Haydée*, n'est pas moins délicatement traitée, avec plus de prestesse et d'aisance.

Le motif de cette gracieuse composition rappelle de très près la *Lyre brisée*. Nous nous doutions que la coquette serait vite consolée. Elle a changé sa lyre pour un tambour de basque, et semble déjà fatiguée d'en agiter les crotales ; elle le laisse tomber dans une pose de langoureuse nonchalance. Malheureusement la gorge fait comme le tambour de basque et se dessine infiniment trop bas. C'est dommage, car le dessin de la tête et des bras ne laisse rien à désirer, et les tons ambrés des chairs sont d'une délicieuse impression.

La Jeune Fille au Nid est une étude plus largement faite, toute enveloppée de lueurs roses, d'une fraîcheur et d'un éclat merveilleux et d'une prodigieuse habileté de main.

Les aquarelles de notre concitoyen, M. Bénard, se reconnaissent au premier coup d'œil, par l'intensité des tons et la solidité de la touche. C'est un coloriste de première force, et, sur quelques centimètres carrés, il sait échantillonner avec une puissance d'effet surprenante les maîtres les plus vigoureux. Son étude, d'après Paul de Véronèse, son fragment décoratif d'une voûte du Vatican, sont d'une énergie de couleur et d'une sûreté de dessin qu'aucun autre aquarelliste n'atteint. Son *Reposoir*, étude d'après nature, n'est pas moins habilement traité.

Le coloriste se retrouve dans la magnifique eau-forte de Saint-Pierre de Rome, si magistralement éclairée.

La petite *Vue de Chartres*, de M. Brunet-Debaines, est une merveille de délicatesse et d'exactitude, sans sécheresse ni mièvrerie.

M. Asselineau devrait apprendre de lui comment on obtient les plus grandes minuties du détail, tout en évitant la rigidité du dessin au tire-ligne. Sa *Vue du Grand-Quai* a l'exactitude d'un plan géométrique ; c'est un travail fort intéressant à ce point de vue, et qui peut rivaliser avec la photographie. Nous préférons d'ailleurs de beaucoup cette aquarelle aux deux tableaux à l'huile du même artiste, la *Place des Pilotes* et la *Vue de l'Avant-Port*, dessinés avec la même rectitude, mais lavés malheureusement en teintes plates, sans aucun souci des tons ni de la perspective aérienne, avec une désolante sécheresse. Il est fâcheux que cette recherche du dessin, qu'on observe dans les nombreux personnages groupés avec beaucoup d'intelligence sur la « place des Pilotes, » et dont la plupart sont des portraits qu'on reconnaît, soit gâtée par l'absence des valeurs. Faire un tableau dans un seul ton, c'est vouloir le faire sur un seul plan.

L'INTERDIT AU XIᵐᵉ SIÈCLE

M. Edmond Morin est un maître du dessin d'illustration. A regarder de près, son *Avenue du bois de Boulogne*, un jour de courses, est d'une incroyable habileté de dessin. On suit, à l'infini, la queue des équipages, encombrés de turfistes et d'élégantes, et chaque figure, grosse comme une tête d'épingle, a sa physionomie et son type. Les petits chevaux, dont le galop emporte amazones et sportmen, sont merveilleusement campés. Malheureusement, la couleur est aussi fausse que le dessin est habile ; l'aspect général est triste et l'absence totale de lumière change la composition en un véritable tohu-bohu.

Sa *Promenade du matin* dans un manoir anglais est encore plus désagréable d'aspect ; la perspective a des escarpements terribles et les verts du feuillage ont des aigreurs qui rappellent la confiserie acide qui nous vient d'outre-Manche. Toute la crânerie de la touche ne peut, selon nous, racheter l'impression agaçante de cette coloration. Son grand tableau à l'huile du *Marché aux fleurs* de la Madeleine n'est pas plus heureux.

L'œil se repose à regarder la lumineuse aquarelle de M. Bougourd, *Chemin sous les arbres*, dont le dessin est aussi joli que la couleur.

Bien fraîche aussi la *Cour normande*, de M. Levillain.

La gouache de M. Saraben, *A Ville-d'Avray*, est faite avec une grande légèreté de main. Il y a peut-être un peu de flou dans les feuillages, mais la transparence de l'eau est rendue avec une grande finesse.

Les deux petites aquarelles de M. Léger-Chérelle, *Poussins et Canetons*, sont très amusantes et très vraies.

Mme Unternahrer a mis beaucoup d'habileté dans ses deux natures-mortes, le *Dessert* et le *Goûter*. Malheureusement, l'aquarelle est un peu maigre pour rendre d'une façon satisfaisante ces trompe-l'œil.

M. Hargitt est une réputation anglaise ; il fait d'immenses aquarelles, dont toutes les parties sont couvertes d'un travail de pointillage multicolore, absolument mécanique, sans aucun souci apparent de la vérité. Il arrive ainsi à produire des *fac-simile* de chromolithographies. Ces grandes machines conventionnelles sont d'un aspect mou et terne, insupportable. Mais ce genre plaît sans doute en Angleterre, car l'auteur cote ses immenses pignochages jusqu'à 3,000 francs !

Le Lavoir, de M. Lahure, est une bonne et vigoureuse étude. Dans sa *Vue de la Seine*, très légèrement faite, il y a un reflet bleu sur l'eau, que le ton du ciel n'explique pas suffisamment. Nous aimons beaucoup moins sa *Danse arabe*, assez brillante de ton, mais lourdement dessinée.

M. VIGNIER expose un cadre de croquis des plus habilement exécutés. Ces petites études, faites avec rien, sont d'une justesse et d'un éclat remarquables. L'une d'elles, un souvenir d'Annecy, est une petite merveille de couleur et de vérité. Toutes intéressent par la sincérité de l'impression et la spirituelle vivacité de la touche.

Son grand fusain du *Lac du Bourget* dénote, du reste, un sentiment très vrai et très profond de la nature, et la largeur de l'exécution place l'auteur de ce beau dessin à côté des APPIAN et des ALLONGÉ. Nous regrettons seulement quelques négligences dans les premiers plans.

Nous venons de nommer les deux maîtres du dessin de paysage. Ils ont tous deux des morceaux achevés à notre Exposition. La *Pointe de la Mer*, prise à Villers-sur-Mer, par M. ALLONGÉ ; le *Figuier* et surtout l'*Effet de Neige*, par M. APPIAN.

M. NOURY a également de jolis fusains, *Sous Bois* et *Bords de la Seine*.

Les deux paysages à la mine de plomb, de M. Jules PORNIN, dénotent une grande habileté de crayon ; mais ils sont d'une facture trop également habile. Les hachures uniformes qui sillonnent tout le dessin lui donnent une grande sécheresse.

Mme BLANCHE LARIBLE a un fort beau portrait au fusain, très souplement modelé, très expressif. *La Leçon de dessin*, de M. CHARPENTIER, est vigoureusement éclairée et fort bien dessinée, sauf une main de squelette qui s'allonge démesurément sur e carton de l'écolier.

Le Chasseur à pied, de M. BELLANGÉ, d'une couleur un peu terne, est dessiné très spirituellement.

Le fusain de M. BETSELLÈRE est d'un éclairage très puissant : mais pourquoi ce moine fait-il une si terrible grimace en disant son *Pater Noster* ?

N'oublions pas de mentionner les miniatures de M. FEULARD, très lumineuses et fort bien dessinées.

Les pastels de M. ELIOT, *Une Chasse dans l'air* et *Gibier*, sont d'une excellente ouleur et grassement faits.

Il y a aussi une fort belle collection de gravures et d'eaux-fortes. Fâcheusement, elles étaient placées dans l'ombre d'un couloir et il est difficile d'en jouir.

Nous y remarquons pourtant de magnifiques eaux-fortes de M. LE FÈVRE, de Rouen, et en première ligne son splendide *Effet de Neige*, qui resplendit dans l'obscurité du passage. Notre compatriote SAFFREY a de vigoureuses planches, aussi fines que lumineuses : *La Pompe du pont Notre-Dame*, *l'Hôtel-de-Ville de Paris*, la *Tour François Ier*. Un cadre fort intéressant réunit des spécimens dramatiques des souvenirs du siége et de la Commune, que tout une pléïade de jeunes et habiles aquafortistes gravaient sous la direction du regretté Cadart.

Citons aussi un dessin à la plume fort habilement traité, *Le Printemps*, d'après Cot, par M. LÉGERON; les intéressants travaux de phototypie de M. JOIGNANT; la gravure de M. DANGUIN, d'après Raphaël, très colorée, et d'une pointe très souple.

Dans le dessin architectural, M. DESJARDINS, du Havre, expose la *Façade de l'église Sainte-Marie*, traitée à la plume avec une grande élégance.

L'aquarelle de M. BRIEN, *Restauration d'une chapelle dans l'église d'Harfleur*, est d'une excellente couleur et d'un bon caractère.

Il y a peu d'échantillons notables de la peinture sur porcelaine et sur faïence, qui a pris, cependant, une si grande importance dans la décoration.

Mme BOWE expose une plaque en camaïeu d'un aspect agréable, et une plaque sur émail cuit grand feu assez intéressante.

Mme ELISA YVETOT a un plateau sur porcelaine spirituellement peint, d'après une aqurelle de Fortuny, et une copie de *la Source*, d'Ingres, dont les yeux ont été dévorés par la cuisson, et dont le dessin laisse du reste beaucoup à désirer.

La plaque grand feu de M. COLOMB, *Angélique et Médor*, aurait de grandes qualités de couleur et de modelé, si réellement elle est peinte sur émail cru, ce dont nous nous permettons de douter.

La nature morte de M. HOURY est fort habilement peinte et d'un aspect très agréable.

La pièce la plus intéressante est à coup sûr la faïence grand feu, *peinte sur relief d'émail cru*, par M. THOMASSE, un tout jeune artiste, qui s'est adonné avec un grand succès à la peinture céramique. Il inaugure un procédé dont il faut, croyons-nous, attendre les plus beaux résultats, et qui pourra faire sortir la peinture sur faïence du terrain conventionnel où elle est renfermée par les difficultés d'exécution. Sa plaque représente un *Page XIVe siècle*, d'un relief et d'un éclat surprenant.

Appliqué à la nature morte, au paysage, ce procédé devra produire des effets merveilleux, car il empêche l'émail de couler, et permet de conserver au modelé toute sa valeur.

La Sculpture

Plaidoyer

S'il est vrai que, tout en servant la cause de l'idéal, l'artiste a le droit de songer, de temps en temps, aux côtés positifs de la vie, il faut avouer, qu'entre toutes les branches des arts, il n'en est pas de plus déshéritée que la sculpture.

Assurément, ce serait médire de notre époque que de nier le goût du siècle pour les arts en général. Le trafic des œuvres d'art est devenu une branche importante du commerce national, et ses bienfaits s'étendent jusqu'à l'exportation. Nous voyons, à chaque instant, flamboyer dans les colonnes des journaux, les chiffres fantastiques atteints par les ventes de tableaux et de dessins. Un peintre, un peu lancé, se fait, bon an mal an, une quarantaine de mille francs de revenus, sans compter les revenus de son lanceur ! Le temps n'est pas éloigné, où M. Prudhomme détournera son fils du commerce des denrées coloniales, en lui disant :

« Mon fils, le pinceau est la meilleure des industries, pour qui sait employer les couleurs fines avec une sage économie. »

Les palettes célèbres ont leur cote à la Bourse.

La sculpture, malheureusement, n'en est pas là.

L'explication la plus probable qu'on puisse donner de l'indifférence du public ou plutôt des acheteurs à cet égard, est que les œuvres de la statuaire, par leur nature même, se dérobent à la spéculation. On ne peut pas faire voyager par les ventes, les vitrines ou les galeries, un groupe ou une statue de 200 kilos, comme on promène un tableau. Le marchand ne peut pas mettre une Ariane ou un Gladiateur sous le pan de sa redingote, comme il emporte un Meissonnier ou un Corot, pour aller à la conquête de l'amateur.

Celui-ci ne se soucie pas d'immobiliser ses capitaux en achetant des « marchandises encombrantes » et de défaite difficile. Il n'est pas fâché de pouvoir toujours *réaliser*; et, qui ne sait qu'une galerie bien choisie est, à l'heure actuelle, un excellent placement. Garnir ses salons de bons tableaux, c'est les tapisser de billets de banque, avec le plaisir des yeux par dessus le marché.

Et puis encore, pour rester indifférent aux productions de la statuaire, n'a-t-on pas l'excuse de l'exiguïté des appartements modernes, des risques du déménagement, de la menaçante fragilité des statues?

Ces prétextes sont loin de nous convaincre, mais ils ont cours dans le monde, et, pour tout dire en un mot, la mode n'est pas à la sculpture. On trouve encore assez souvent de bons tableaux dans les demeures bourgeoises où réside le goût des belles choses; bien rarement on y accorde l'hospitalité aux œuvres de nos sculpteurs.

A peine le goût des bronzes d'art commence-t-il à y pénétrer; si quelque terre cuite, un buste, un médaillon, un bas-relief décoratif apparaissent de ci de là, pour animer de leurs harmonieux contours ou de leurs notes éclatantes le salon ou le cabinet de travail, c'est à l'état d'exception.

Et pourtant, au simple point de vue de l'ornementation intelligente, et nous dirions presque économique d'une maison, nous n'hésiterions pas, s'il s'agissait de faire un choix, à préférer les sculptures aux tableaux.

La sculpture est éminemment meublante, elle anime par sa présence la solitude d'un appartement, elle fait accueil au visiteur et pas un rayon de lumière ne passe qu'elle ne l'accroche au passage pour intéresser l'œil à de nouveaux aspects.

Est-il rien de plus élégant qu'un beau buste en marbre, placé sur sa gaîne entre les fenêtres d'un salon sobrement décoré? Une gracieuse figure assise dans le vestibule semble fêter un hôte attendu ; un bronze antique dans la bibliothèque appelle les pensées studieuses et repose la réflexion ; une terre cuite devant la glace du boudoir où l'on cause, où l'on fait la musique, répand autour d'elle ses notes joyeuses et tendres ; des bas-reliefs encastrés dans les lambris de la salle à manger l'éclairent et l'élargissent ; et quel enchantement qu'une blanche statue surgissant parmi les fleurs du parterre, profilant son galbe élégant sur un tapis vert de la pelouse ou bien au fond de ces retraites parfumées qui, sous le nom de jardins d'hiver, sont le plus poétique embellissement des habitations modernes.

Les tableaux appellent les tableaux. Un salon ne sera guère égayé par deux ou trois toiles, fussent-elles intéressantes, car l'œil se fatigue d'un même aspect et veut varier ses jouissances. Une seule statuette, au contraire, remplit l'espace et occupe l'attention par la variété des aspects, sitôt que l'œil se déplace autour d'elle.

Et notez que le prix de la sculpture est relativement d'une modération étonnante. Nous en avons dit la raison, la mode n'y est guère et la spéculation ne peut s'y mettre. Vous aurez, en sculpture, des œuvres exquises, pour le prix d'un tableau dont la signature coûte souvent aussi cher que le mérite.

Assez causé de choses qui ne nous regardent pas, au fond ; chacun étant libre de dépenser son argent comme il l'entend.

Au point de vue esthétique qui seul doit nous occuper, il n'y a peut-être pas, d'ailleurs, à regretter que la sculpture soit restée en dehors de la fièvre de production qui entraîne toutes choses sur les pas de la mode.

L'intérêt de l'art y a sans doute plus gagné que perdu. Il s'est recueilli dans sa solitude et il a échappé à la nécessité de plaire qui affadit trop souvent la peinture.

Réservée aux esprits d'élite, résignée à son isolement de la foule, la sculpture a évité les concessions, elle a gardé le culte de l'idéal ; une génération vigoureuse d'artistes de race s'est formée à cette école d'indépendance.

Ceux qui se désolent de la décadence du grand art, des grandes études, des grandes traditions, qui déplorent l'appauvrissement des tempéraments, n'ont donc point visité nos expositions de sculpture ?

C'est là, véritablement, que surgit, en jets superbes de pierre, de marbre ou de bronze, la pensée artistique de notre époque ; c'est là qu'il faut admirer les efforts qu'elle fait pour se rapprocher de la nature, tout en gardant pieusement les traditions du grand style.

Là, l'habileté ne sert plus de rien, si elle n'est appuyée sur de fortes études. L'à-peu près est banni ; il n'est plus question d'écoles ni de procédé ; il ne s'agit plus de partager la pomme entre le dessin et le coloris. Tout se tient, dans cet art solide. La vérité toute nue se dresse aux côtés du sculpteur, majestueuse et sévère, incorruptible aux séductions, imposant à tous son culte.

En peinture, la *patte* est souvent le plus clair du talent; l'habileté de la main, guidée par la sûreté du coup d'œil, peut improviser un peintre. La couleur, qui est une séduction ajoutée à la forme, est souvent aussi un voile brillant jeté sur ses défaillances.

En sculpture, la facilité, l'esprit, l'imagination, ne peuvent rien, s'ils ne sont gouvernés par une science positive, par une étude rigoureuse de la nature et par les sévérités du style.

La peinture a ses contingences, qui doivent modifier le jugement qu'on en porte. La sculpture est un absolu.

C'est tellement vrai que l'appréciation d'un tableau exige une éducation préalable, la possession de nombreux points de comparaison; la convention y pèse toujours pour quelque chose. Les considérations d'école plaident les circonstances atténuantes, ou bien élargissent la portée des qualités.

Le mérite, en sculpture, n'est point sujet à tant de variations. Tout homme qui sait voir et juger avec rectitude, placé en face d'une œuvre de statuaire, peut en goûter l'harmonie ou en condamner les défauts, sans avoir à s'occuper des considérations de métier. Le beau y est évident. On peut dire sûrement : voilà une belle statue, comme on dit : voilà une belle femme.

Aussi la sculpture agit-elle plus vivement sur les masses que la peinture, qui est toujours un plat de gourmets.

UN ÉPISODE DU COMBAT DE MONTRETOUT

(19 Janvier 1871, 7 heures du matin.)

Les Sculpteurs

Notre Exposition renferme un petit nombre de sculptures d'une sérieuse portée artistique.

Le beau plâtre de M. C. Chabrié, *Rêverie d'Enfant,* est de beaucoup la plus remarquable. C'est une adorable figure de petite fille, étendue sur le coussin d'une chaise antique, la tête penchée en avant, dans l'attitude de vague songerie qui suspend ses jeux. Son petit corps souple et délicat s'abandonne au repos, soutenu sans effort par une jambe repliée, tandis que l'autre tombe dans un mouvement si harmonieux qu'on la dirait balancée par un caprice machinal de la jolie rêveuse.

Cette ravissante étude a valu à son auteur une médaille au Salon de 1870. Elle est un exemple achevé de ce que peut produire le sentiment moderne de la nature en s'alliant à la recherche de la ligne et de la forme. Par son caractère de simplicité, par sa science de composition, elle procède directement de l'art antique.

L'harmonie des lignes en est si bien combinée, qu'elle présente de tous les côtés un profil achevé, et les moindres détails de la composition, dont toutes les lignes s'enveloppent et se soutiennent, concourent admirablement au mouvement de l'ensemble.

En même temps, la figure est étudiée tout près de la nature, avec un soin de vérité tout moderne ; la vibration de la vie court sur les souplesses du modelé.

C'est une statue antique et c'est une enfant moderne.

Plus on étudie cette petite merveille d'élégance et d'esprit, plus on s'en éprend, et nous ne formons qu'un souhait, c'est de voir la mignonne enfant porter sa douce rêverie dans les salles de notre Musée, où elle mérite d'occuper une place d'honneur.

Pour juger de l'effet que peu produire le marbre, en prêtant sa transparence vibrante à ces formes exquises, il suffit de regarder le délicieux petit buste d'étude de la tête, modelé avec une délicatesse inouïe.

La *Danseuse*, de M. Jules Bonnaffé, du Havre, est une petite figure de style, dont le dessin élégant est très purement inspiré de l'antique. Elle est entièrement enveloppée d'une draperie transparente traitée d'une façon un peu archaïque, avec une grande légèreté. Le torse est fort habilement modelé. La tête seule est d'un caractère moins noble et moins heureusement dessinée. On peut regretter aussi quelques enflures et un peu de mollesse dans les genoux et dans les jambes. Mais l'aspect général et le mouvement des lignes est d'une harmonie très distinguée. Le bronze est en outre d'une exécution superbe et d'une fort belle couleur.

Nous préférerions peut-être encore le buste en marbre de la *Ville du Havre* (appartient à la ville), modelé avec beaucoup de correction, dans le goût de l'ancienne sculpture monumentale. L'arrangement en est adroit et élégant. On pourrait retirer sans inconvénient les petits dauphins qui rampent sur le piédestal. La figure gagnerait en grandeur.

Le buste en marbre de *Béatrix Donato*, par M. Marquet de Vasselot, est un morceau de large sculpture, expressive et bien moderne, traité avec une grande finesse de pratique.

Parmi les œuvres décoratives d'une portée moins sérieuse, c'est encore à la terre cuite de M. Chabrié, *un Solo*, que revient la palme. L'arrangement de ce bébé qui s'écoute jouer du violoncelle est d'un goût sémillant et gracieux. Son petit corps est modelé avec une grande souplesse et la tête pétille d'esprit et de mutinerie.

La terre cuite de M. Vasselot, *Les petits Curieux*, plus raffinée d'intention et d'une exécution brillante, est moins heureusement composée. Le mouvement de la tête termine mal les lignes du corps, les pieds sont communs et l'attitude un peu guindée.

On admire avec raison le petit groupe d'animaux de M. Nast, d'une gaieté de bon aloi. Un griffon majestueux et digne, est attaché par un *mariage de raison* à une petite chienne caline et grassouillette ; la fatuité du Roméo moustachu essuie sans sourciller le feu des œillades assassines de sa compagne et se tient sur son quant-à-soi avec un étalage de dédain qui forme un contraste à mourir de rire avec le tendre empressement de Juliette. L'exécution est aussi distinguée que l'idée est spirituelle.

Nous avons plusieurs bustes excellents à passer en revue.

En première ligne, celui de Mlle Devriès, par M. TRUFFOT, d'un dessin si distingué, d'une vérité sobre et élégante, et surprenant d'exécution ; malheureusement, le papier de verre du mouleur qui l'a préparé pour la stéarine a évidemment aminci et maigri le modèle.

L'étude de M. ALLOUARD, *Candeur*, est étudiée avec une simplicité vraiment touchante. C'est l'image même de la pureté que cette figure mélancolique, doucement penchée comme une fleur sur sa tige.

Le buste en terre cuite de M. NAST habilement fait et très vivant, n'a pas les qualités de composition de son Mariage canin. Une recherche exagérée de l'ornementation l'allourdit et détruit la distinction. La poitrine est étroite et comprimée sous la ruche qui l'emprisonne avec la rigidité d'une chaîne. La coiffure pèse 50 kilos. C'est dommage, car la figure est spirituellement traitée.

L'*Etude genre Louis XVI*, de M. BOURGEOIS, lourde et prétentieuse, nous montre encore une de ces poitrines de poulet qui semblent prises au laminoir. Quelle déplorable manie d'emprisonner ainsi les souplesses de la gorge dans des gaînes étroites qui détruisent tout l'équilibre de la figure. Voyez, dans les bustes de M. Chabrié, de M. Allouard, de M. Truffot, combien le libre épanouissement des attaches et l'exactitude du dessin ennoblit le port de la tête.

L'étude de M. BÉNARD, du Havre, a de sérieuses qualités de naïveté et de simplicité. Elle est une œuvre très personnelle, qui dénote un sentiment vrai de la nature. Mais la main encore inexpérimentée d'un amateur se révèle à tous les détails de l'exécution, aux molles épaisseurs du modelé, dont les touches s'éteignent sans couleur, aux raideurs de l'attitude qui n'est pas balancée, et se présente tout d'une pièce. Pourtant nous ne saurions trop engager l'auteur à persister dans sa vocation. Il a le don de sincérité que rien ne remplace, et peut facilement apprendre le métier, qui lui fournira les secrets de l'exécution.

Le portrait médaillon de M. RIVERIN dénote au contraire une habileté de main consommée, un peu gâtée par le chic, mais qui possède à fond toutes les ressources de son art. Le petit portrait de Mlle Paola Marié, par le même artiste, est d'un relief plus habile encore.

M. DEVAUX, de Rouen, a fait un beau buste en marbre de Louis Bouilhet, hardiment attaqué ; mais il l'a posé trop en arrière, dans une pose de matador qui dépasse sans doute le but. Il y a excès d'audace et de brio. Les traces des coups de violon qui cernent la tête et tachent les cheveux sont peut-être aussi trop visibles. Ces violences sont bien de jeu dans la grande sculpture décorative, mais il n'en faut pas abuser.

Le modelé de son médaillon en bronze n'observe pas assez exactement les rapports des plans. Vue de face, cette figure présenterait un menton pointu sous un crâne immensément développé.

Nous trouvons le même défaut, moins outré, dans les médaillons de M. Bonnaffé, qui s'applique, avec exagération peut-être, à amincir le relief. Le portrait de feu Haffner est le mieux en proportion et les plans y ont bien leur épaisseur relative.

Le médaillon d'étude de M. LANCE, en bronze, d'une chaude patine, est largement traité, vibrant et modelé avec une grande vérité.

Le buste de M. Guillemard, par M. VOYEZ, que nous connaissions déjà, est spirituellement traité et interprète avec verve le modèle. Celui de M. BONAFFÉ, qui fait pendant, plus près de la ressemblance, peut-être, alourdit le type et intéresse moins.

Nous devons une mention particulièrement élogieuse aux intelligents essais de M. CHARLES HUET, et aux efforts couronnés de succès qu'il tente avec persévérance. Nous avons vu, il y a déjà longtemps, ses premières ébauches de *paysages en terre cuite*, et ces compositions encore informes, avaient à peine l'intérêt de la curiosité. Mais, depuis, un sentiment vraiment artistique s'est dégagé de ces études. L'auteur y met une étonnante adresse de main, et par une interprétation patiente et sincère de la nature, il arrive déjà à des résultats surprenants. Un des paysages exposés est fort joli, les derniers plans surtout ont une fraîcheur et une délicatesse étonnante, et fuient bien vers l'horizon.

Nous conseillons à M. Huet d'étudier à loisir les admirables bas-reliefs décoratifs de la Renaissance ; il y verra comment on varie l'interprétation selon les plans et comment on traite par masses les feuillages. Les coupes de Benvenuto Cellini, couvertes de merveilleux paysages avec animaux, fourniront à son application de précieux éléments d'études. Il y a aussi, au cimetière Sainte-Marie, sur la tombe de M. d'Houdetot, un paysage de M. Nieuwerkerke qui lui fournirait d'utiles renseignements.

Il est près d'être arrivé, et nous savons que des artistes parisiens, qui ont examiné ses études avec intérêt, croient à son succès et prévoient l'excellent parti qu'il tirera de la spécialité qu'il s'est faite.

Des paysages transparents, curieusement taillés par M. CINGAL dans des os de sèche, sont encore à l'état d'ébauche, et nous ne savons s'il pourra pousser plus loin sa recherche ; mais il y a là encore un effort d'ingéniosité et de goût dont nous aurons peut-être à constater le succès dans quelques années.

M. Sortambosc expose son magnifique Christ en buis, exécuté d'une main si prodigieusement habile et dont la finesse est soutenue par un excellent dessin. Plus lourde et plus molle est sa *Suzanne au bain*.

Nous ne citons que pour mémoire quelques ivoireries, habiles sans doute, mais qui ne paraissent pas s'élever au-dessus du métier. Ces Christ étiques, servilement copiés, nous font mal à voir. Sachons donc gré à l'artiste qui a eu l'audace originale d'égayer la situation en sculptant un Christ danseur qui semble battre un entrechat.

612

Tableaux d'Amateurs

Le temps et la place ont manqué à la fois pour compléter l'exposition des toiles appartenant à des amateurs de notre ville, et les soixante et quelques toiles réunies dans la salle dite Rétrospective sont loin de donner une idée exacte des richesses artistiques que renferment les galeries particulières du Havre.

Tel qu'elle est composée, l'exposition rétrospective offre néanmoins d'intéressants sujets d'admiration et d'étude, et un assez grand nombre de maîtres y sont représentés, sinon par des œuvres capitales, du moins par des spécimens très purs et très instructifs de leur manière.

Nous citerons en première ligne les trois maîtres paysagistes qui sont l'honneur et l'exemple de l'école contemporaine : Corot, Rousseau et Daubigny.

Le petit paysage de Corot, *Le Soir*, est une œuvre d'une simplicité exquise, qui renferme l'impression très nette des qualités maîtresses de la personnalité profonde et douce du grand artiste.

C'est par le sentiment qu'il faut juger Corot ; il faut considérer ses œuvres avec la même sincérité recueillie qui les a inspirées.

Il faut se laisser envahir par la poësie profonde, par l'émotion à la fois mystique et panthéiste qui s'en dégage. Il faut regarder la nature à travers l'âme extatique du poëte qui en ressentait si tendrement les harmonies. L'exécution échappe ici à la discussion comme à l'analyse. Tout autre que lui aurait peut-être tort de faire ce que faisait Corot, comme il le faisait. Toutes les critiques qu'on peut élever contre sa facture ne sauraient amoindrir son génie, puisque, telle qu'elle est, l'exécution atteint le but que l'artiste se proposait.

Il l'atteint par ses défauts voulus et nécessaires aussi bien que par ses qualités. Ces touches parfois désordonnées, cette indécision dans le dessin, cette absence de contours qu'on remarque dans ses toiles, sont la condition même de leur aspect lumineux, aérien, de leur charme pénétrant.

Regardez bien ce bouquet d'arbres penchés sur le ruisseau, cet horizon vaguement estampé sous les feux du soleil couchant, et ces figures baignées dans l'air dont la fluidité lumineuse remplit l'espace. Une impression totale de solennel attendrissement se dégage de cet aspect grandiose et calme : la magie de la lumière est répandue partout comme un reflet de l'infini, sur les troncs d'arbres, entre les feuilles légères, dans la transparence des ondes, dans les profondeurs du ciel. Cette poésie ne se serait-elle pas évanouie, si l'artiste, sacrifiant la pensée de son œuvre à une vaine correction, avait précisé son dessin et compliqué son exécution ?

C'est le propre des maîtres, d'imposer ainsi leur tempérament et de faire entrer leurs défauts même dans la somme de leur génie.

Rousseau, qui, lui aussi, est un maître incontestable, est représenté par un paysage qui n'exprime pas d'une façon aussi complète son tempérament. On y trouve bien la grâce achevée du dessin, la distinction de la couleur blonde et chaude, la finesse et la légèreté de la touche ; mais il est rendu moins intéressant par une facture trop égale, trop uniforme. On désirerait quelques vigueurs de plus aux premiers plans, on voudrait que par places cette peinture soit un peu *défaite*, accentuée et simplifiée.

Le paysage de Daubigny est un des bons qu'on puisse voir de lui, la délicatesse y est soutenue par le tempérament. Entre les deux peintres, Rousseau doit l'emporter, croyons-nous ; mais entre les deux paysages que nous avons sous les yeux, celui de Daubigny nous paraît plus complet.

Un paysage de la première manière du peintre, placé dans le voisinage, permet de voir vers quelle transformation l'influence de l'époque entraîne le talent.

La *Vache noire* de Troyon, est un morceau splendide, où la grande manière, du peintre se retrouve tout entière. Le dessin de la tête est superbe ; le paysage tout plein de lumière et de chaleur.

Troyon a aussi un paysage de sa première manière, fort curieux à étudier, comme spécimen des étapes du talent et des modifications imposées par le temps.

Le paysage de MICHEL nous fait remonter également vers le passé. C'est une peinture d'une habileté et d'une solidité très grandes ; la composition embrasse un horizon d'une étendue et d'une profondeur étonnantes. La couleur est juste et agréable, et les tons sont variés avec une remarquable simplicité pour rendre les différences de terrain et de végétation des champs qui morcellent les vastes ondulations de la plaine, déroulées sous le ciel brumeux.

Ce que nous avons dit de Corot peut s'appliquer à DECAMPS, dont le *Polyphème* est assurément un des morceaux les plus saisissants de la galerie rétrospective. La silhouette du géant se détache sur le ciel lumineux, au milieu d'un paysage d'une grandeur étonnante. Il élève au-dessus de sa tête un quartier de roc, prêt à le lancer sur la galère qui porte Ulysse et ses compagnons.

Il est encore inutile, en face de cette œuvre d'une originalité si puissante, qui porte la marque évidente d'un maître, de discuter la facture, de chercher le pourquoi de certaines violences, de s'arrêter aux négligences ; c'est l'ensemble qu'il faut saisir, c'est l'impression grandiose qui s'en dégage qu'il faut ressentir. Personne n'atteindrait à cette grandeur par les mêmes moyens, et c'est à ce signe qu'on reconnaît le génie des maîtres. Le tableau est d'ailleurs inachevé ; tout le bas est resté à l'état de simple ébauche.

Il ne faut pas regarder la petite toile de DELACROIX, *la Drachme de Saint-Pierre*, sans évoquer le souvenir de ses grandes toiles.

Une esquisse comme celle que nous avons sous les yeux ne peut pas, en effet, donner la mesure de la puissance de son pinceau. Ce n'est pas en face de cette composition épisodique qu'il convient de juger le maître coloriste. Son ardeur l'emportait trop loin pour qu'il pût être contenu dans ces proportions étroites. Il y a là un excès de vigueur qui frappe évidemment trop fort.

C'est ainsi que Victor Hugo verse inutilement son lyrisme dans les billets intimes à propos desquels l'impuissance lui chercherait d'infimes querelles.

Lisez les *Châtiments* et la *Légende des Siècles* !

Les trois admirables esquisses de SUBLEYRAS, sont au contraire des morceaux d'un faire modéré qui fournissent un spécimen achevé de la grande école française du dix-huitième siècle. Ces petites toiles sont complètes, elles renferment évidemment l'exacte mesure du talent du peintre ; on ne le connaîtrait pas mieux par une grande composition. Sa qualité dominante est la distinction et la noblesse, son *Christ flagellé* est merveilleusement dessiné ; ses *Moines autour d'un enfant* sont peints avec une délicatesse de tons inouïe ; sa scène entre *Pape et Empereur* est d'une composition vraiment grandiose.

10

Chien et Faisan de Desportes est une admirable peinture, nerveuse et solide, sur un dessin d'une sûreté merveilleuse.

Brascassat aussi, est un dessinateur accompli, mais sa peinture trop faite et trop égale s'appauvrit par l'uniformité. Il y a des morceaux admirablement traités dans sa *Nature morte*, le lièvre, par exemple, est d'une exécution étonnante ; mais les terrains, le paysage, traités identiquement, n'ont jamais existé. Le défaut d'accents attriste la composition. Supposez que Troyon ait repassé sur un pareil tableau pour y répandre sa passion, l'envelopper d'air et de lumière, et vous auriez un chef-d'œuvre complet. Pourquoi faut-il que le dessinateur absorbe toujours le peintre ?

Le portrait de l'auteur est une merveille de dessin et de fini, d'une exécution prodigieuse. Il serait digne de faire pendant au magnifique portrait de Pagnès que possède le Louvre. Il ne manque que le tempérament à cette habileté suprême.

C'est avec bonheur que nous pouvons citer parmi les meilleures de ces œuvres choisies, deux figures qui font le plus grand honneur à deux artistes de notre ville :

Le portrait de vieille femme de M. Lhullier, dont l'éclat attire l'attention dès qu'on entre dans la salle ; la tête peinte en pleine pâte, avec une étonnante souplesse de brosse, et enveloppée d'une lumière chaude et gaie, rayonne d'intelligence et de bonté. La coiffe blanche dont l'ombre caresse le front est d'un ton superbe. C'est une œuvre vraiment supérieure.

M. Galbrund n'a peut-être pas fait de plus beau pastel que sa jeune devideuse. Fermeté du modelé, exactitude du dessin, souplesse de l'exécution, charme de la couleur, tout est réuni dans cette composition d'un charme si poëtique et si intime.

La *Blanchisseuse*, de A. Gautier, est une peinture d'une grande délicatesse, dont les gris tendres et la claire lumière procèdent très directement de la manière de Tassaërt.

Il y a là plusieurs autres portraits vraiment remarquables : le portrait d'homme de Nogari, où la pensée éclate avec tant d'énergie ; la tête de vieille femme, si spirituelle et si vivante, de La Pierre, un robuste portrait d'homme à la manière hollandaise, de Sprong ; la tête de femme de Raux, un peu molle et précieuse ; les deux études de Henner, d'un modelé si admirable, malheureusement lymphatiques et languissantes ; la tête d'étude de Millet ; le très spirituel portrait de Ricard.

L'*Arquebusier*, de Gros, est une étude soignée et finie où le talent d'exécution du peintre paraît beaucoup mieux, selon nous, que dans ses compositions.

Nous croyons que la tête d'enfant blond attribuée à Greuze, peut être très réellement de ce maître ; mais elle a été très certainement aussi retouchée et allourdie par des empâtements très visibles.

Le *Berger et sa Bergère*, de BOUCHER, est authentiquement un des mille tableaux où le maître du maniérisme et de l'affadissement a employé son incontestable talent.

Le *Mariage mystique de Sainte-Catherine de Sienne*, de SÉBASTIEN BOURDON, rentre dans le goût du Poussin, dont l'auteur fut l'ami et le rival. C'est une œuvre estimable de l'ancienne école française, dont Bourdon fut un des plus notables représentants. Il a été gravé plusieurs fois. Le propriétaire en possède une ancienne gravure à l'eau forte. C'est un tableau de cimaise qu'on ne juge peut-être pas exactement à la hauteur où il est placé.

La grande toile du peintre rouennais RESTOUT, représentant *Robert (comte d'Eu) devant l'abbaye du Tréport*, est une page historique fort intéressante et un bon spécimen de l'ancienne peinture officielle.

Nous préférons de beaucoup la petite marine de M. MAURICE COURANT, à sa grande toile d'autre part. Quoique visant moins haut et frappant moins fort, elle est peinte avec plus de hardiesse et d'entrain et le couteau a fait son office avec une remarquable habileté. Elle porte, en outre, le cachet d'un faire tout personnel, d'une distinction accomplie. Ces tons gris et argentés sont d'un éclat souriant, le dessin est d'une grande précision, et le rendu d'une délicatesse exquise. On ne saurait faire mieux dans cette gamme modérée et élégante.

La toute petite toile de ROQUEPLAN tout autrement traitée, sous l'influence de la manière de Bonnington, est pleine de lumière et de mouvement.

Le grand paysage de CÉSAR DE COCK est peint avec son habituelle habileté d'impression, avec une nuance de gravité qu'il n'atteint pas d'ordinaire.

Les *Chevaux* de M. HÉREAU, étude de plein soleil, est d'un grand mérite ; les reflets sont d'une justesse admirable, la touche vigoureuse et libre. C'est tout près de Troyon.

Le petit paysage de BOUQUET a de grandes qualités de facture, que l'auteur a poussées beaucoup plus loin dans les peintures sur faïence où il s'est spécialisé depuis.

L'*Ecluse*, paysage de FLERS, est une bonne peinture, selon le vieux jeu.

La *Chaumière*, de DETAILLE père, est une agréable petite toile.

Le paysage voisin, de VOLLON, est une vigoureuse et saine peinture, d'une facture ferme et simple, et d'une vérité frappante, qui nous séduit beaucoup.

M. MICHEL DE L'HAY, un jeune artiste dont nous avons déjà apprécié autre part le talent plein de franchise et d'allure, a un coucher de soleil remarquablement traité. C'est une excellente étude, d'une justesse irréprochable, qui dénote un tempérament de coloriste. L'auteur marche à grand pas sur les traces de Daubigny, sans rien abdiquer de sa personnalité déjà très nette.

Le *Paysage d'Orient*, de BREST, est un des plus fins et des plus brillants qui soient sortis de sa palette si spirituellement assortie de touches vibrantes et spontanées.

N'oublions pas de mentionner un joli tableau de fleurs de LECLAIRE, fort bien composé, dessiné avec une grande légèreté et d'une grande vérité de tons.

Parmi les quelques dessins exposés, il faut surtout remarquer un croquis d'Edouard DETAILLE, une tranchée sous le premier Empire, d'une grande finesse d'exécution.

AU LECTEUR

Nous sommes arrivé au terme de notre rapide Revue. Nous l'avons poursuivie avec la conviction d'être toujours sincère, sinon toujours bien avisé.

Nous ne souhaitons qu'une chose, c'est que le lecteur ait eu seulement, à nous suivre, la moitié du plaisir que nous avons pris à lui servir de guide.

Aussi bien, si la course l'a quelque peu essouflé, la vue des belles reproductions qui enrichissent notre *Album* va lui permettre de reprendre haleine. C'est un salon de repos où le *cicerone* le laisse en bonne compagnie.

Reposez-vous, ami lecteur, et au revoir!

FIN

TABLE

INDEX DES ARTISTES CITÉS

LISTE

DES

ACQUISITIONS FAITES AU SALON HAVRAIS DE 1875

MUSÉE

Caraud............	*Souhrette Louis XV, pelant une pomme.*	Chabrié............	*Rêverie d'Enfant, (statue plâtre.)*
Laurens	*L'Interdit au XIe Siècle.*		

LOTERIE DE L'EXPOSITION

Appian	*Le Moulin d'Artemarre (Ain).*	Michelot	*Panier de Cerises.*
Castan	*La Marée haute à Viller-ville.*	Papeleu............	*Boulevard de la Madeleine.*
César de Cock......	*Le Lavoir.*	Saint Edme	*Poste d'observation de Marins.*
Colin	*La Ferme de Lubin à Yport.*	Allongé............	*La Pointe de la Mer (Vue prise de Villers-sur-Mer).*
De Coninck........	*Il Far-niente (Italienne au repos).*		
D'Eaubonne........	*Etang de Ville d'Avray.*	Charpentier........	*La Leçon de Dessin (fusain).*
Dubourg............	*Plage.*	Deshayes (Eugène)....	*Marine (dessin)*
Dutzchold.........	*Une Porte sur la rivière de Pont-Aven.*	Id............	*Paysage Id.*
		Danguin............	*Gravure d'après Raphaël*
Galbrund...........	*Résignation.*	Glinel	*Le Chemin du bois (fusain).*
Leygue	*Marie-Jeanne.*		
Michel de l'Hay......	*Fleurs.*	Martial	*Sous Bois dans la forêt de Fontainebleau.*
Martin	*L'Heure de la Soupe.*		

VIGNIER	*Lac du Bourget.*
ALLOUARD	*Candeur* (buste terre cuite).
BONNAFFÉ	*Mater Dolorosa* (bas relief bronze).
CHABRIÉ	*Un Solo* (statuette terre cuite et marbre).
SORTAMBOSC	*Un Christ en buis.*
CLESSINGER	*Taureau romain* (en bronze)

~~~~~~~~

AMATEURS

ALLONGÉ	*Un Etang en Sologne.*
APPIAN	*Monaco avant l'orage.*
ATTENDU	*Nature morte* (Dîner).
Id	Id. (jambon de Bayonne).
BAUDIT	*Effet de Lune.*
BEERNAERT	*Dans les Dunes de la Zélande.*
Id	*Les Bords de l'Escaut.*
BÉGUIN	*Chaumière près d'Avallon.*
BETSELLÈRE	*Premier pas dans le Crime.*
BOURGES	*Le Mont-Joly à Honfleur.*
BRANDON (Ed.)	*La Réprimande.*
CABAUD	*Rives du Fier, à Brogny.*
CARON	*Lilas.*
CLAUDE	*Fleurs.*
Id	*Branche d'Aubépine blanche.*
CLÉDAT DE LA VIGERIE.	*Les Bords de la rivière d'Honfleur.*
CÉSAR DE COCK	*Paysage.*
CHRISTOL	*Bords de la Seine à Mantes.*
COLIN	*Vue prise de l'Ecole de Saint-Cyr.*
COURTIN	*Hêtre de Fontainebleau.*
DEBESQUE	*Canard et Sarcelle.*
Id	*Lièvre.*
DONHAUD	*Chrysanthèmes.*
DUBOURG	*Bains de Mer à Honfleur.*
DUMOUCHEL	*Barque en Cap* (coup de vent)
DUPRÉ (Victor)	*Paysage.*
Id	Id.
DUTZCHOLD	*Réflexion.*
DAMERON	*Cabane de Sabotier* (bois de la Chesnaye).
Id	*Une Rue de Foucherolles* (pluie et soleil)
HUGARD	*La Fontaine aux Porchers* (Forêt de Fontainebleau).
LASSALLE	*Le Verre de cidre.*
LAUGÉE	*La Jeune Ménagère.*
LECAMUS	*Grande Futaie* (Forêt de Fontainebleau).
LEPERRIER	*Fleurs.*
LETRONE	*Grève de Guétary.*
Id	*Barque de pêche.*
Id	*Effet de Soleil sur mer.*
LHUILLIER	*La Partie d'Echecs.*
Id	*La Retraite.*
MARAIS	*Vue prise de St-Siméon* (à Honfleur).
MARTIN	*Un Petit Verre ne paraît pas.*
Id	*Le Thé.*
MICHELOT	*Poulet et Ecrevisse.*
Id	*Fruits.*
NOEL (Jules)	*Une sortie de Port.*
Id	*Marine.*
PINTA	*Retour des Champs* (soir d'Automne).
TENER	*Paysage.*
UNTERNAHRER	*Bourriche d'Anémones.*
VALENTINO	*Fruits et Fleurs.*
Id	Id.
ADELINE	*La grosse Horloge de Rouen.*
BRUNET DEBAINES	*Vue prise à Chartres* (aquarelle).
GALBRUND	*Portrait de Mlle X...* (Pastel).
PIERRON	*La Lyre Brisée, d'après Chaplin* (Porcelaine)
PORNIN	*Vue d'Épouville* (Mine de Plomb).
VASSELOT DE MARQUET.	*Béatrix Donato* (buste Marbre).
RENOUF	*Le Soir* (environs d'Honfleur).
~~~~~~~~

ACTIONNAIRES

DE

L'EXPOSITION DES BEAUX-ARTS

DE 1875

Nom		Nom		Nom	
Alleaume (Jules)	10	Barbel (A.)	2	Brière (Docteur)	1
Aubry (François)	4	Bowes (R.-D.)	2	Bucaille (C.)	1
Aubry (Charles)	4	Bunge (Ernest)	2	Biochet (A.)	1
Amy	1	Jules Bonaffé (Mme)	1	Blondin (A.)	1
Alleaume (Félix)	1	Laure Bonaffé (Mlle)	1	Boeswilwald (A.)	1
Asselineau	2	Jules Bonaffé	1	Bernos (H.)	2
Auzou (A..)	2	Baudreux (S.)	1	Bernos fils	2
Adeline (Veuve)	1	Bunge (F.-P.)	1	Bernos fils (G.)	2
Allorge	1	Belve (A.-M.)	1	Biard fils (Ulysse)	1
Adeline jeune	2	Belot	2	Baltazard (D.)	1
Asselin (Auguste)	2	Bellenger	1	Brindeau (Léon)	5
Audry (Charles père)	1	Brindel Waldemar	1	Blanchard (J.)	1
Auzou (Auguste)	1	Basset (Édouard)	1	Blais fils (L.)	1
Ausset	1	Bernal	1	Breckrenridge (Ch.)	1
Ambaud	1	Bernharth (J.-L.)	1	Boullenger (E.-D.)	1
Aubry	1	Bernard	1	Boitel jeune (E.)	1
Alkaume	1	Bailly	1	Besançon (Mme)	1
Agüero	2	Bach (A.)	1	Burel	1
Aillery	2	Barbulée (E.)	1	Blech (Réné)	1
Ameline (L.)	1	Benard (E.)	2	Barlow (Alfred)	»
Anquetin	1	Bachelet (Léon)	1	Barlow aîné	3
Auger (E.)	1	Barbulée (Georges)	2	Braumuller (Cl.)	1
Anonyme	10	Bayeux (E.)	2	Bouquet	2
Amphoux	1	Baudry (R.)	1	Black (Remy)	1
Augamare	1	Beuzeboc (A.-D.)	2	Borelly	2
Allaume (Emile)	3	Boulé (A.)	1	Bonnet	1
Albresch	2	Binet aîné	2	Bourdet	1
Andreae	2	Binet (A.)	1	Benard	1
		Binet (E.)	2	Babault (Docteur)	1
Bossière (Emile)	5	Bourquin (Henri)	1	Brunschewig (Léon)	1
Briquet (S.)	2	Brindeau (Gustave)	4	Bodereau (M. et Mme)	2
Ball (Charles)	1	Brostrom (A.)	1	Brument (Victor)	1
Bonvoisin	2	Benard (G.)	1	Brument	1

LE SALON HAVRAIS

Brindeau-Alphée	2
Buin (Mme)	1
Bowes (Mme)	1
Berard (Gustave)	1
Billard (Mme)	1
Bachelier (L)	1
Boissevain	1
Berchut	2
Busch	1
Bouquet (Ch. D.)	1
Bricard	1
Bazan	1
Berteloot	1
Bérard (Charles)	2
Biard père (Ulysse)	1
Biard (Mme Ulysse)	1
Burgain (F.)	1
Braëm (R.)	1
Berard (Paul)	1
Biermont (Louis de)	1
Boulingue (Anth.)	1
Bouqué (Mme)	1
Beauregard père et fils (Docteur)	2
Brindeau mère (veuve)	1
Bricard (Mme Henri)	7
Baupel, curé (l'abbé)	1
Barôme, avoué	1
Bourdin (Mme)	1
Burns et Mac Yver	5
Busch	1
Berard (Eugène)	1
Batchelor	2
Baron (Gustave)	1
Barlow (P.-W.)	1
Brylinski (Mathieu)	1
Brostrom (Mme)	1
Cauvin (Eugène)	3
Corrège (Gustave)	1
Chauvel (Docteur)	1
Chabaud (V.-D.)	1
Caccia (A.)	1
Chardey (J.)	2
Courant (J.)	2
Coësme (A.)	1
Couder	1
Cœuré (Charles	1
Caron (Auguste)	1
Conninck (E. de)	1
Conninck (W. de)	2
Cœuré, notaire	1
Cauvin (Georges fils)	1
Côme (M. et Mlle)	2
Clerc	2
Catel (D.)	1
Coytier	1
Coeytaux (Louis)	1
Coquelin (Alfred)	1
Caubrière (Mme)	1
Coquillard (Joséphine)	1
Croppi	2
Coty aîné	[illegible]
Cœuré (Mme)	[illegible]
Carpentier	1
Crandalle (C.)	1
Cazavan	2
Clément	1
Collet (H.)	1
Certain	1
Certain (Henri)	1
Chardey	1
Cugnot	1
Caspari	1
Couvert	1
Corblet (Edouard)	1
Champeaux (Henry)	1
Cholet	1
Delaroche (Henri)	10
Durand (Aristide)	1
Desprez (Alfred)	2
Duntzfelt	2
Dupaquier (Benjamin)	2
Desclos (M.)	1
Dufour	1
Deglaire	1
Duplessy	1
Drouet (Ed.)	1
Debouche fils (H.)	1
Dumoutier (R.)	1
Debesque (A.-F.)	2
Dennis fils (F.)	1
Derode (A.)	5
Durand (A.)	1
Dumenil-Leblé (G.)	1
Dumenil-Leblé (J.)	1
Detaille (C.)	1
Duvivier (A.)	1
Desclèves (J.)	1
Deschamps	2
Draper (Lev.-H.)	1
Dorey (J.-B.)	1
Degueuser	1
Duval (Maxime)	1
Dubuc (Ernest)	5
Dupasquier (M.)	1
Dousseau (Alphonse)	2
Dillemann	1
Dourt, avoué	1
Dupont	2
Dupont (Ed.)	1
Dubois (T.)	1
Duhail	1
Desmares (L.)	1
Deschamps	2
Daveluy et Sandret	1
Devaux (A.)	2
David	1
Dumont	1
Delacroix (G.)	1
Dan	1
Duchesne (L.)	1
Davioud (E.)	1
Duflo (E.)	1
Davenière	1
Daufresne (E)	1
Desplace (Jules)	1
Duval (A.)	1
Denouette (Veuve)	1
Duchemin	1
Duteil-Lebrument	1
Desplace (J.)	1
Duval (Alfred)	1
Duval, curé (l'abbé)	1
Dequesne	1
D'Leindre	1
Drouhin	1
Deguerre (Mme)	10
Doifus (Jean)	1
Delacour	1
David (Arthur)	1
Duboc (A.)	1
Duranty (C.)	2
Dumine	1
Dupont (G.)	1
Denouette	1
Dégoméltais, de Bolbec	3
Dufour	1
Dumont	1
Dusseaux	1
Dunnlop	1
Duquesne (J.)	1
Dubouchet	1
Duverdier	1
Elin	5
Enault (V.)	1
Edou	2
Eliot, de Paris	4
Erichsen	1
Etard (R.-A.)	1
Ernst	1
Eloy	1
Ebran	2
Eudet (H.)	1
Edme	1
Eudeline (Léon)	1
Edouard, courtier	1
Faride	4
Fontaine	3
Feulard (A.)	1
Fontaine (A.)	1
Furon (A.)	1
Fournier-Frantin	1
Fehr (S.)	2
Falize (Docteur)	1
Febvay	1
Forcade et Cᵒ (J.)	2
Fleury (Victor)	1
Fleury (A.)	1
Fleury (Mme)	1
Fénoux (Mme)	1
Ferrère (G.)	8
Fessard-Willerd	1
Frioude (G.)	1
Fontanelle	1
Faure (Félix)	2
Ficrville (Ch.)	1
Fieux (de)	2
Frebourg (G.)	1
Flambard (E.)	1
Fautrel (Mme)	1
Fol	1
Fossey	1
Frébourg (huissier)	1
Fique (E.)	1
Ferrera	2
Ferreiri	1
Forgin	1

Geisler 10
Godefroy 3
Godefroy (Th.) 2
Gieseckes (Ad.) 1
Guerin (A.) 1
Gallois (Mme) 1
Gautier père 1
Giron (A.) 1
Génot (E.) 1
Gassen (A.) 1
Gilles (A.-E.) 1
Guyot (Oscar) 1
Gallois (Charles) 2
Gubba (A.-D.) 1
Gibert (Docteur) 1
Guichard 1
Got 1
Genestal (H.) 1
Grenier (E.) 1
Genin 2
Gautier 2
Guichard 1
Goujet 1
Gamarelle, de Rolleville (l'abbé) . 1
Giret (Albert) 2
Guillemard et Hérou 1
Galbrund 2
Godefroy (Ernest) 2
Godefroy (Mlle Blanche) 1
Guérard (Louis) 1
Gain (J.) 1
Guillemard (Ulysse) 1
Godefroy (Jules) 1
Groce (Luc) 1
Guerrand 1
Gautier 1
Geay 2
Gautier 1
Grenier (Mme E.) 1
Genty (Edouard) 1
Gautier (Mlle) 1
Gautier (Mme) 1
Girardet (Samuel) 1
Guerrand (Mme) 1
Gosselin 2
Guilbert (Séraphine) 1
Gravier (Louis) 1
Guéblin 1
Gross 1

Hallaure (Léon) 2
Heuzey 5
Harou (R.) 3
Hustin et Heu 2
Huchon (T.) 4
Haumont père 1
Huet (Charles) 1
Herard 1
Henry (Alphonse) 2
Hubert (J.) 1
Heyder (C. Von) 1
Hauser (J.) 2
Humbert et Noel 1
Hesse 2
Hamon 1
Huertas 1
Hamel (A.) 1

Herbiline (Docteur) 1
Hache 1
Huin 1
Houdet 2
Helot, de Bolbec (Docteur) 1
Hobacq 1
Hachette (Auguste) 1
Harel 2
Hauguel (François) 1

Iselin (William) 2

Jacquelin frères 1
Joly (A.) 2
Jouy 2
Jusselin (F.) 1
Jacob 1
Jardin (H.) 1
Jardin (Mme H.) 1
Jung (F.) 1
Jouin-Bellanger 1
Junca fils (B.) 1
Julien (Mme C.-A.) 3
Julien (Auguste) 3
Jusselin (Mme F.) 1
Joret 1
Jacky (F.) 1
Jung (F.) 5
Joly (Mlle Suzanne) 1
Juteau 1

Kronheimer (Ferd.) 1
Kreglinger (A.) 1
Kœchlin (F.) 1
Kerdyk (S.) 1
Kollbrunner 2
Kœchlin (Edouard) 1

Lecadre (E.) 5
Lomer (H.-L.) 2
Lebourgeois (Anthime) 1
Lebourgeois (Georges) 1
Legros (J.) 1
Lafaurie (Docteur) 1
Lafarge (Docteur J.) 2
Lamy 1
Lamotte (Abel) 2
Lecadre neveu (Docteur A.) 1
Ledoux 1
Langevin (Docteur H.-E.-C.) 1
Lepelletier, imprimeur 1
Leplay (Mme A.) 1
Leger (Henri) 1
Lefort (L.) 1
Leboucher (J.) 1
Lebaube (Jules) 2
Lebas (O.) 4
Lemaitre (Alphonse) 4
Laude (J.-A.) 2
Lefrançois (E.) 1
Lemaître (Ed.) 1
Lecoq (Eugène) 2
Lecoq (Léon et Paul) 2
Lebris (F.) 1
Lavotte (L.) 1
Lormelet (Jules) 1

Lefebvre (Elie) 1
Langer (Edouard et Paul) 2
Lazzarino (C.) 1
Lefebvre (Mme) 1
Ladvocat (Alphonse) 1
Lambert (G.) 1
Ledoux (Ch.) 1
Lovert 3
Lichtenstein (V.) 1
Lefeuvre (Mlle) 1
Lemarchand 1
Lenaers (F.) 1
Lasgoutte 1
Leparc 1
Leboucher (Veuve) 1
Letarouilly 1
Lefauchour (B.-E.) 1
Legrand 1
Lepreste-Fournier 1
Lambert (Veuve) 1
Lecadre (A.-A.) 4
Letellier (E.) 2
Lefranc 2
Le Minihy (R.) 2
Leudet (E.) 2
Lennier (G.) 2
Léchaut (Ludovic) 1
Lemaître (L.) 1
Lahure père (E.) 2
Leseleuc (A.) 2
Lemaitre 1
Legoutteux (Louis) 1
Leparc de Boutteville 1
Letrône (L.), de Paris 2
Labottière aîné (G.) 1
Langer (Ed.) 1
Langer (Ed.) 1
Lecacheux 1
Leudet 1
Ledoux 1
Lemarcis 1
Lazzarino (Mme) 1
Lefebvre (Mme Ch.) 1
Lefèbvre (A.) 1
Lanel (Ch.) 1
Leclerc 1
Letellier 2
Letellier-Ferard 1
Lœw 1
Lemoine 1
Larible (Victor) 1
Lelièvre (Ch) 1
Lucius (F.) 1
Lechévalier (Ch.) 1
Leperrier 3
Latham (Lionnel-Henri) 5
Latham (Richard-Edmond) 5
Levavasseur (A.) 1
Lemierre (J.-B.) 1
Lecadre (Mme Arthur) 1
Lecoq 1
Lescan (Ch.) 1
Lemaître (Gustave) 1
Lemaître (Mlle Adrienne) 1
Lemaitre (Mme Léon) 1
Lemaître (Mme Georges) 1
Levaillant du Douet 1

Havre.— Imprimerie F. SANTALLIER & Ce, Boulevard de Strasbourg, 162.